Fürst Metternich

über

Napoleon Bonaparte.

braumüller

Bibliografische Information der Deutschen Nationalbibliothek
Die Deutsche Nationalbibliothek verzeichnet diese Publikation in der Deutschen Nationalbibliografie; detaillierte bibliografische Daten sind im Internet über http://dnb.d-nb.de abrufbar.

1. Auflage 2019

Servitengasse 5, A-1090 Wien
www.braumueller.at

Coverbild: shutterstock | © Morphart Creation
Vor- und Nachsatzmotiv: shutterstock | © Morphart Creation
Druck: EuroPB, Dělostřelecká 344, CZ 261 01 Příbram
ISBN 978-3-99100-270-3

Inhalt

Vorrede des Verlegers

Im Verlag Wilhelm Braumüller sind 1875 Aufzeichnungen von Fürst Clemens Wenzel Lothar von Metternich über Napoleon Bonaparte erschienen. Die beiden Kapitel des ersten nur vierzigseitigen Bändchens sind ursprünglich in französischer Sprache im zweiten Band des ersten Teils enthalten und wurden übersetzt von Dr. Hegewald. Ab 1880 sind dann Metternichs nachgelassene Papiere, herausgegeben von seinem Sohn Richard von Metternich-Winneburg, komplett in acht Bänden aufgelegt worden.

1. Teil, Bände 1 und 2 von 1773–1815;
2. Teil, Bände 3 bis 7 von 1816–1848;
3. Teil, Band 8 von 1848–1859.

Anlässlich des 250. Geburtstages von Napoleon Bonaparte (1769–1821) veröffentlicht der Braumüller Verlag nun Teile von Metternichs Aufzeichnungen in originaler Orthografie. Wir haben eine Passage aus dem ersten Band und zwei aus dem zweiten Band, jene bereits damals von Dr. Hegewald übersetzten, ausgewählt. Die erste Passage „Als Botschafter am Hofe Napoleons“ wurde in deutscher Sprache niedergeschrieben, die beiden anderen „Unterredung mit Napoleon zu Dresden am 23. Juni 1813“ und „Denkschrift Metternichs über den Charakter und die Eigenarten Napoleons“ in französischer. Fürst Metternich hat seine Gedanken abwechselnd in Deutsch und Französisch notiert. Metternichs nachgelassene Papiere sind derzeit nur gemischt in Deutsch und Französisch nachzulesen. Es gibt keine rein deutsche Fassung.

Wie kaum ein anderer hat der 1773 in Koblenz geborene und 1859 in Wien gestorbene Fürst Clemens Metternich die Entwicklungen in Europa gelenkt und mitbestimmt. 1806 ging Metternich als Gesandter Österreichs an den französischen Hof und zu Napoleon Bonaparte, um dort die Beziehungen zwischen Österreich und Frankreich zu entspannen. Aus dieser Zeit stammt auch der erste Text über Napoleon. Fürst Metternich, der einen sehr hohen Bildungsstand hatte, entwarf „in ruhigem Ton“, „mit der Sprache der Überzeugung“ (Zitate aus dem Vorwort des Übersetzers) ein sehr interessantes Portrait von Napoleon Bonaparte. Auf diesen wenigen Seiten ist zu erkennen, dass Napoleon Bonaparte „kein Mann der Wissenschaft“ war, wie Metternich schreibt. „Seine natürlichen Anlagen ersetzten ihm oft den Mangel an Wissen. Durch sein Genie ist er Gesetzgeber, Administrator und Feldherr geworden.“ Metternich, der ein sehr genauer Beobachter war, hat viele Gespräche nicht nur mit Napoleon Bonaparte, sondern auch mit anderen Persönlichkeiten wie Marie Louise, bei deren Hochzeit mit Napoleon er einer der Hauptbeteiligten bei der Anbahnung war, geführt und daraus seine Skizzen angefertigt und diese niedergeschrieben.

In einem Prospectus aus dem November 1879 wurde das Werk damals folgendermaßen angekündigt:

... Das Werk umfaßt, nach Zeitabschnitten und theilweise nach Materien geordnet, 4 Theile, welche je nach Umfang in zwei oder mehrere Bände abgetheilt werden.

Der vorliegende erste Theil (vom Geburtstage 1773 bis 1815) enthält in zwei Bänden das 1.–3. Buch, und zwar:

Eine autobiographische Denkschrift des Fürsten, „Materialien zur Geschichte meines öffentlichen Lebens“; – Gallerie berühmter Zeitgenossen. „Die Porträts Napoleon's und Alexander's“, geschildert von Metternich; – und eine Sammlung von Briefen, Vorträgen, Depeschen und Denkschriften Metternich's, zur Ergänzung und Erläuterung der Autobiographie.

Der zweite Theil (von 1816 bis März 1848) umfaßt:

Die Schriftensammlung aus der Zeit 1816–1848 nebst kurzen Schilderungen berühmter Zeitgenossen, wie: Dom Miguel's, Carlo Alberto's, Louis Philippe's, Canning's u. A. aus der Feder Metternich's; dann die Fortsetzung der autobiographischen Denkschrift „Leitfaden zur Erklärung meiner Denk- und Handlungsweise“ mit dem Schlußcapitel „Mein Rücktritt“.

Ueber das Wirken des Staatskanzlers auf dem Felde der auswärtigen Politik in der Zeit vom Ausbruche der Juli-Revolution in Paris 1830 bis zum Ausbruche der März-Revolution in Wien 1848 läßt sich kaum ein vollständigeres Bild denken, als es durch die an betreffender Stelle einverleibte Sammlung von „lettres particulières“ *Metternich's an den Botschafter Apponyi in Paris geboten wird. Bei einzelnen wichtigeren Ereignissen, wie z. B. die Juli-*

Revolution, der Tod des Kaisers Franz, die Vorfälle in Galizien u. dgl. m. unterbrechen besondere Einlagen, sämmtlich von der Hand Metternich's, den sonst fortlaufenden Text der Depeschen.

Der dritte Theil (1848–1859) bringt:

Auszüge aus dem Tagebuche der Fürstin Melanie Metternich, mit vielen Beilagen aus der Feder des Staatskanzlers – höchst interessant für die Zeit vom März 1848 bis 1853, wo das Tagebuch schließt; – Briefe Metternich's aus den letzten Lebensjahren 1854 bis 1859; – „Mein politisches Testament." Eine Denkschrift Metternich's.

Unter den Beilagen des Tagebuches heben wir hervor: Briefe Metternich's an Radetzky, Fürst Felix Schwarzenberg, Baron Kübek, Cardinal Rauscher, dann von auswärtigen Notabilitäten, Schreiben von und an König Leopold von Belgien, Kaiser Nicolaus, König Ludwig von Baiern, König Friedrich Wilhelm IV., Lord Stratford de Redcliffe etc. etc.

Der vierte Theil enthält folgende nach Materien geordnete Schriften:

Miscellen, Anekdoten, kleinere Begebenheiten und Curiositäten aus dem Leben Metternich's nach eigenen Aufzeichnungen; – Pensées et Maximes; *eine*

Sammlung von Aufsätzen Metternich's aller Art, politischen, philosophischen, national-ökonomischen etc. Inhaltes, theils allgemeiner Natur, theils für specielle Länder berechnet; – Akademische Correspondenz mit Gelehrten und Künstlern, darunter Goethe, Humboldt, Liebig, Mezzofanti, Rauch, Jean Paul Richter, Rossini etc. – Als Abschluß folgt ein Anhang von Ausweisen über Diplome und Auszeichnungen aller Art.

Wien, am 11. Juni 2019

Bernhard Borovansky
Verleger des Braumüller Verlages

Aus Metternich's nachgelassenen Papieren

Herausgegeben von dem Sohne des Staatskanzlers Fürsten Richard von Metternich-Winneburg

Als Botschafter Oesterreichs am Hofe Napoleon's
(1806–1809)

Colloredo's und Cobenzl's Rücktritt. – Stadion's Berufung zum Minister des Aeußern. – Metternich's Bestimmung nach Petersburg. – Statt dessen als Botschafter nach Paris. – Beweggrunde dieses Wechsels. – Unterredung mit Kaiser Franz. – Wenig Belehrung aus den Archiven. – Abreise von Wien. – Unfreiwilliger Aufenthalt in Straßburg. – Ankunft in Paris. – Beginn des eigentlichen öffentlichen Lebens. – Bei Talleyrand. – Erste Audienz bei Napoleon in St. Cloud. – Jena. Der Höhepunkt der Macht Napoleon's. – Die Fehler Preußens. – Dessen Schicksalswandlungen. – Die Fehler Napoleon's. – Bulletins-Methode. – Die gloire nationale. – Napoleon's Rückkehr von den Ufern des Niemen. – Abschieds-Audienz Talberg's. – Graf Tolstoy. – Graf Nesselrode. – Napoleon's Blicke nach Spanien. – Monarchen-Zusammenkunft in Erfurt. – Graf Romanzow. – Metternich's passive Haltung. – Laffayette. – Barrère. – Kriegerische Absichten Napoleon's auf Spanien. – Die große Audienz vom 15. August 1808. – Champagny's Beschwichtigung. – Ankunft in Wien. – Die Lage Oesterreichs. – Unterredung mit Kaiser Franz. – Metternich's Ansichten über den Krieg. – Napoleon's Haltung. – Abbruch des diplomatischen Verkehrs mit Oesterreich. – Verhinderung der Abreise Metternich's und Ursache davon. – Frankreichs innere Lage. – Einkünfte der französischen Marschälle. – Die Stellung Napoleon's. – Antikriegerische Strömung der Großwürdenträger und der Marschälle Frankreichs. – Charakteristik Talleyrand's, Fouché's und Cambacérès'. – Metternich's Abreise von Paris als Gefangener unter Escorte. – Gerüchte von der Schlacht bei Aspern auf der Reise. – Besuch der Kaiserin Josephine in Straßburg. – Ankunft in Wien. – Metternich's Vater nebst dem Erzbischof von Wien und den Grafen Pergen und Hardegg zu Geiseln bestimmt. – Unterredung mit Champagny in der Wiener Hofburg. – Internirung in der Villa am Grünberg. – General Savary's Besuch daselbst. – Sonstige Besuche am Grünberg. – Abreise an den Ort der Auswechslung. – Gegenbefehl in Wieselburg. – Napoleon's Entschuldigung. – Nachtquartier in Acs. – Scharfes Feuer einer österreichischen Batterie auf Metternich's Wagen. – Ruckkehr nach Raab. – Endliche Auswechslung in Acs. – Oberst Avy. – Zusammenkunft mit dem Palatin in Komorn. – Empfang von Seite des Kaisers Franz in Wolkersdorf. – Stadion's niedergeschlagene Stimmung. – Beschießung der Lobau. – Vorbereitungen zur Schlacht. – Botschaft des Erzherzogs Karl und Antwort des Kaisers Franz. – Rückzug der österreichischen Armee. – Das Hauptquartier in Znaim.

Die Folgen der Schlacht bei Austerlitz machten das Verbleiben der Männer, welche den Krieg von 1805 unternommen hatten, im Amte unmöglich. Graf Colloredo, der Kabinetsminister, und Graf Cobenzl, der Hof- und Staats-Vicekanzler, zogen sich zurück und der Kaiser nahm zum Minister der auswärtigen Angelegenheiten den Grafen Stadion, seinen Botschafter in Petersburg. Da Kaiser Alexander gewünscht hatte, mich auf dem Posten eines Botschafters bei ihm zu sehen, erhielt ich den Befehl, Berlin zu verlassen und mich über Wien nach meiner neuen Bestimmung zu verfügen. Anfangs April in dieser Hauptstadt angekommen, stieg ich beim Grafen Stadion ab, der mir mittheilte, daß ich, anstatt nach St. Petersburg zu gehen, mich nach Paris zu verfügen hätte. Graf Philipp Cobenzl, für den Botschafterposten in Frankreich bestimmt, war eben von Napoleon abgelehnt worden, der mich als dasjenige Organ Oesterreichs bezeichnete, das am tauglichsten sei, die Beziehungen anzuknüpfen, die er von nun an zwischen beiden Reichen hergestellt zu sehen wünschte.

Was ich später über die Gründe, welche damals Napoleon vorschwebten, erfahren habe, ist

Folgendes: Mein französischer College in Berlin war der weiter oben erwähnte Herr de Laforest, ein Vertrauensmann des Fürsten Talleyrand. In den Augenblicken starker Spannung, die dem Abschlusse der Allianz zwischen Oesterreich, Rußland und Preußen vorausgingen, war die Stellung des Herrn de Laforest eine sehr schwierige geworden. Da es zu meinen Gewohnheiten gehört, die Geschäftsfragen nicht mit den Personenfragen zu vermengen, so bestrebte ich mich, meine Beziehungen zu meinem französischen Collegen auf einem Fuße freimüthiger Höflichkeit zu erhalten. Diese Beziehungen dauerten in den verschiedenen Phasen der Ereignisse fort. Das entging Herrn v. Talleyrand nicht, dessen Politik der Begründung guter Beziehungen zwischen Frankreich und Oesterreich nicht feindlich war. Graf Philipp Cobenzl hatte sich in Paris abgenützt, man wollte dort eine neue Persönlichkeit: die Wahl fiel auf mich.

Wie ein Blitzstrahl traf mich diese Veränderung meiner Bestimmung, als ich sie vernahm. Nur ungern entsagte ich dem Posten in St. Petersburg, denn die persönlichen Beziehungen, in welche ich zu dem Kaiser Alexander getreten war, hatten mich hoffen lassen, daselbst meinem Monarchen auf eine nützliche Weise zu dienen und zugleich auf eine solche, die meinen politischen Anschauungen mehr zusagte, als die Art von Thätigkeit, welche in Paris gegenüber Napoleon meiner wartete.

Auf der anderen Seite bot die Aufgabe, Oesterreich unmittelbar nach dem Preßburger Frieden in Frankreich zu vertreten, eine solche Summe von Schwierigkeiten, daß ich besorgte, ich sei ihnen nicht gewachsen. Tags darauf erschien ich beim Kaiser Franz und war so frei, ihm die Verlegenheit meiner Lage zu schildern. Er empfing mich mit seiner gewöhnlichen Güte, belobte mich über meine Haltung in Berlin und stellte mir die Nothwendigkeit, mich in das, was er mein Geschick nannte, zu fügen, in Ausdrücken dar, die mir es unmöglich machten, mich seinem Willen zu entziehen.

So war ich in eine meinen Neigungen widerstreitende Richtung gerathen, aber entschlossen, dieselben jederzeit dem Pflichtgefühl unterzuordnen, suchte ich mir klar zu machen, was für eine

Linie ich einzuhalten haben werde. Napoleon erschien mir als die Fleisch gewordene Revolution, während ich in der Macht, die ich bei ihm zu vertreten hatte, die sicherste Hüterin der Grundlagen erblickte, welche allein die allgemeine Ruhe und das politische Gleichgewicht verbürgen. Wenn ich meine Aufgabe unter diesem Gesichtspunkte betrachtete, ging mir die hohe Wichtigkeit der von mir zu erfüllenden Functionen auf. Ich fürchtete zwar nicht, in die falschen Bahnen zu gerathen, auf welche so viele Menschen durch erhitzte Einbildungskraft und vorzüglich durch ihre Eigenliebe hingerissen werden, weil ich mich gerade von diesen Fehlern frei fühlte, aber ich erkannte anderseits die vielen und gefährlichen Klippen meiner neuen Stellung und glaubte daher vorerst all' meinen Ehrgeiz darauf beschränken zu sollen, wenigstens das Böse dort zu verhindern, wo ich die Unmöglichkeit sah, das Gute zu bewirken.

Ich sah mich in den Archiven der Kanzlei um, fand aber daselbst nur wenig Hilfsmittel zu meiner Belehrung. Noch war die französische Revolution von den Männern, die das Geschick dazu berufen hatte, sich mit dieser ungeheuren socialen

Katastrophe zu beschäftigen, nicht begriffen worden. Die von Napoleon in einem so kurzen Zeitraume durchmessene Laufbahn hatte viele Beobachter verblendet und ihnen nicht die Muße gelassen, mit Ruhe und Unparteilichkeit die Bedingungen, auf denen seine Existenz beruhte, zu erwägen. Dieser Aufgabe unterzog ich mich mit Vorliebe, überzeugt, wie ich war, daß die Analyse dieses personificirten Productes der Revolution mir nothwendigerweise Aufschluß darüber geben werde, wie dieser Mann von so niederem Ausgangspunkte sich zu solcher Höhe erschwingen konnte. Die Einen sahen in Napoleon nur den großen General; Andere suchten den Grund seiner Erhebung in seinem überlegenen politischen Geiste; noch Andere endlich wollten ihn nur als einen vom Glücke begünstigten Abenteurer gelten lassen; Alle vergaßen, daß zur Erklärung des erstaunlichen Glückes dieses Mannes es unumgänglich sei, seine persönlichen Eigenschaften mit den Verhältnissen, unter welchen er gelebt, in Zusammenhang zu bringen.

Ich verließ Wien im Juli 1806. In Straßburg angelangt, hinderte man mich an der Weiterreise; den Befehl hatte man in Paris gegeben, aber den Vorwand, dessen sich die Localbehörden bedienten, war, sie könnten in Ermanglung einer positiven Weisung mich meine Reise nicht fortsetzen lassen. Die wahre Ursache dieser so ungerechtfertigten Maßregel war jedoch die Anwesenheit Herrn v. Oubril's in Paris, durch dessen Vermittlung Napoleon zu einer Abmachung mit dem russischen Hofe zu gelangen gehofft hatte. So lange diese Abmachung, welcher Kaiser Alexander später seine Zustimmung verweigerte, nicht zu Stande gekommen war, schien dem Kaiser der Franzosen meine Gegenwart in Paris nicht erwünscht. Wäre ich daselbst bei Zeiten eingetroffen, würde in der That mein Einfluß auf den jungen und unerfahrenen Unterhändler denselben verhindert haben, sich auf eine für ihn so peinliche Weise zu compromittiren. Als die Verhandlungen mit Herrn v. Oubril einmal sub spe rati abgeschlossen waren, erhielt ich die Ermächtigung, meine Reise nach Paris fortzusetzen, wo ich denn am 4. August ankam. Tags darauf begab ich mich zum Fürsten von Benevent (Talleyrand), damals Minister der auswärtigen

Angelegenheiten, den ich persönlich noch nicht kannte. Er empfing mich mit den Formen vollendeter Herzlichkeit, zeigte sich einem System enger Beziehungen zwischen Frankreich und Oesterreich geneigt und rühmte sich der Mäßigung, die er während der Preßburger Friedensverhandlungen entfaltet hatte. Da diese Behauptung begründet war, nahm ich meinerseits Stellung und setzte ihm auseinander, was der Kaiser unter freundschaftlichen Beziehungen, die nicht mit Unterwerfung verwechselt werden dürften, verstehe.

Im Grunde fing erst hier mein öffentliches Leben an. Alles Vorgängige dürfte bereits die Unabhängigkeit meines Charakters gezeigt haben. Als Mann von Grundsätzen wollte und konnte ich mich nicht beugen, wenn es ihre Vertheidigung galt. Binnen einem kurzen Zeitraume hatte mich das Schicksal dem Manne gegenüber gestellt, der zu jener Epoche die Weltangelegenheiten beherrschte; ich fühlte in mir die Pflicht und den Muth, niemals den Umständen ein Opfer zu bringen, das ich nicht als Staats- wie als Privatmann vor meinem Gewissen verantworten könnte. Der Stimme dieses Gewissens folgte ich, und ich glaube nicht, daß es eine gute Eingebung Napoleon's war, als sein Wunsch mich zu Functionen berief, die mir ermöglichten, seine Vorzüge zu würdigen, aber auch seine Fehler kennen zu lernen, welche ihn zuletzt in's Verderben geführt und Europa von dem Drucke befreit haben, unter dem es geschmachtet.

Dieses Studium gab mir die Mittel an die Hand, deren Wirksamkeit zu erproben ich wenige Jahre darauf Gelegenheit hatte.

Ich führte mich bei Napoleon ein, ohne bei der ersten Audienz in St. Cloud eine Ansprache zu halten, wie es Sitte meiner Collegen war. Ich beschränkte mich darauf, ihm zu sagen, daß in Entsprechung seines eigenen Wunsches berufen, den Kaiser von Oesterreich bei ihm zu vertreten, ich bei jeder Gelegenheit bestrebt sein würde, die guten Beziehungen zwischen beiden Kaiserreichen auf denjenigen Grundlagen, auf welchen allein ein dauernder Friede zwischen unabhängigen Staaten errichtet werden könne, zu befestigen. Napoleon antwortete mir ebenfalls in einfachen Ausdrücken, und in unseren späteren persönlichen Beziehungen wirkte die Stimmung dieser ersten Anknüpfung nach.

Frankreich empfand zu jener Zeit das Bedürfniß nach Ordnung und würde leicht dieser Richtung gefolgt sein, wäre es nicht durch Napoleon's Eroberungsgeist in ein System gedrängt worden, das schließlich sein Verderben herbeiführte. Der Krieg mit Preußen war nahe bevorstehend. Doch hätte es von Napoleon abgehangen, ihn zu vermeiden. Er wollte es nicht, und die Folgen würden die von Napoleon getroffene Wahl gerechtfertigt haben, wenn er nicht den Sieg mißbraucht hätte.

Die Erzählung von Ereignissen, die der diplomatischen und militärischen Geschichte angehören, wird man hier nicht finden; die Materialien für die Geschichte der Zeit sind aus den in den Staats-Archiven aufbewahrten officiellen Correspondenzen zu schöpfen. Es gehört nicht zu dem Plane, den zu verfolgen ich mir vorgesetzt, die Masse von Arbeiten zu verzeichnen, die ich in dem langen Verlauf meines öffentlichen Lebens zu liefern in der Lage war. Die vorliegende Ausarbeitung ist einzig dazu bestimmt, die Kenntniß dessen zu vermitteln, was meine Individualität betrifft und auf die moralische Verfassung Bezug hat, in welche mich die Ereignisse meiner Zeit versetzt haben, und zwar sowol diejenigen, deren bloßer Zuseher ich war, als diejenigen, in welchen ich selbst eine Rolle gespielt habe.

Nach meinem Dafürhalten bezeichnet der Sieg von Jena den Höhepunkt der Macht Napoleon's. Hätte er, anstatt die Vernichtung Preußens anzustreben, seinen Ehrgeiz darauf beschränkt, diese Macht zu schwächen und in solchem Zustande dem Rheinbunde anzufügen, das unermeßliche Gebäude, das zu errichten ihm gelungen war, würde eine Grundlage von Beständigkeit und Dauer gewonnen haben, welche der Friede von Tilsit ihm nicht verschaffte, ja zu deren Erschütterung derselbe wesentlich beigetragen hat, weil seine Bedingungen hart und überspannt waren.

Den Fehler, den Preußen beging, da es 1805 seine Kräfte nicht mit denen Oesterreichs und Rußlands vereinigte, erneuerte es noch durch seine Schilderhebung im Jahre 1806; und doch verdankt man diesen gehäuften Fehlern eben in letzter Reihe die Befreiung Europas von dem

Joche, das Napoleon's Eroberungsgeist ihm auferlegt hatte. Für den König Friedrich Wilhelm III. war der Krieg von 1806 keine Sache der Berechnung, sondern vielmehr die Wirkung einer Aufwallung, der zu widerstehen dieser Fürst die Kraft nicht besaß. An der Spitze der kriegerischen Bewegung stand der Prinz Louis Ferdinand von Preußen und eine schwache Elite der Armee; die große Masse der letzteren wie das Volk waren unter den Einfluß der Neutralität gebannt, welche der König seit dem Basler Frieden zu erhalten gewußt, und die, besonders seit der Auflösung des Deutschen Reiches, Preußen eine Art Protectorats über Norddeutschland eingetragen hatte. Diese Stellung trug das Gepräge der Schwäche an sich, und obgleich sie den kurzsichtigen Plänen von Männern wie Graf Haugwitz, Kabinets-Secretär Lombard und General v. Bruel schmeichelte, hinderte sie Alles, was einem Aufschwunge gleich gekommen wäre. Als Napoleon im Jahre 1805, um eine einfache strategische Combination gelingen zu machen, das neutrale preußische Gebiet zu verletzen wagte, zeigte er, wie gut er die Zustände Preußens kenne, und sicher war das

Benehmen des Grafen Haugwitz nach der Schlacht bei Austerlitz nicht danach angethan, ihm über die Thatkraft dieser Macht eine andere Meinung beizubringen. Daher bin ich überzeugt, daß der politische Fehler, den Napoleon nach seinen ungeheuren Erfolgen während des ganzen Verlaufes des Feldzuges von 1806 beging, zum großen Theil die Folge der falschen Vorstellung war, die er sich über die vollständige Erschöpfung der preußischen Macht gebildet hatte. Nachdem Napoleon dies Königreich auf die Verhältnisse des Tilsiter Friedens reducirt hatte, glaubte er es seinem natürlichen Tode überlassen zu können und seiner Ansicht nach waren die Königreiche Westphalen und Sachsen die natürlichen Erben der preußischen Hinterlassenschaft.

Ich erlaubte mir im Jahre 1810 Napoleon auf das aufmerksam zu machen, was mir ein Rechnungsfehler von seiner Seite gewesen zu sein schien. Er widerstritt mir nicht und fügte hinzu: „Ich war einmal im Zuge und mußte das begonnene Werk vollenden. Sie sehen übrigens, was Preußen taugt!“ Wenige Jahre später bewiesen die Ereignisse, daß Napoleon in seinen Berechnungen nicht unfehlbar war; sie haben die meinigen gerechtfertigt.

Es gibt in der Geschichte der Staaten wenige Abschnitte, die so staunenswerthe Schicksalswandlungen aufzuweisen haben, wie die Geschichte Preußens vom Tode des großen Friedrich bis nach dem Frieden von Tilsit. Im Verlaufe von vier Regierungen aus der Stellung eines Churfürstenthums zu einer Macht ersten Ranges emporgestiegen, fand sich diese Monarchie nach den Feldzügen 1806 und 1807 bis in die Grundlagen ihres Bestandes erschüttert. Alles scheint Widerspruch in den Jahrbüchern Preußens und diese Jahrbücher umfassen kaum ein Jahrhundert. In weniger als diesem Zeitraume erreichte das unfruchtbare und schwach bevölkerte Land eine Machtstufe, die seinen Herrschern mehr als einmal die Rolle von Schiedsrichtern über Europa zuwies, und diese Machtstufe erreichte es unter Erschütterungen und Stürmen, die es von Innen und von Außen bedrohten. Seit dem Jahre 1740 gab es für Preußen keinen Augenblick, wo seine Armee nicht in thätiger Verwendung gewesen wäre. Sein Heeresstand, außer allem Verhältnisse mit der Volkszahl und den Hilfsquellen des Landes, weit entfernt, diese zu erschöpfen, führte die Monarchie vielmehr zu einer Höhe der Macht, an die selbst die kühnsten Träume ihrer großen Fürsten nicht hinanreichten. Friedrich II. sagte auf dem Todtenbette zu seinem jungen Neffen, daß seine Nachfolger mehr leisten werden als er, wenn sie seine Eroberungen zu behaupten wissen. Sie haben dieselben aber verdoppelt. Und nicht umgeben von weniger civilisirten Nationen bildete und vergrößerte sich dieser Staat. Er machte vielmehr alle seine Eroberungen gegenüber von Mächten, die ihm an Ansehen oder Reichthum überlegen waren. Die Umwälzungen, die seit 1789 die civilisirte Welt zu verschlingen drohten, dienten zu seiner Vergrößerung. Alle Mächte, die mit Frankreich Krieg führten, erschöpften sich. Preußen allein zog aus allen Umständen Vortheil, indem es in der Reihe der unterdrückten Staaten ruhigen Schrittes seinen Weg ging und sich dem Eroberer gefügig zeigte. Jeder Feldzug bot ihm einen Vorwand, den Bereich seines Einflusses auszudehnen, jeder Waffenstillstand besiegelte entweder seine Uebergriffe gegen schwache und furchtsame Nachbarn oder bewirkte, daß diese aus freien Stücken sich unter sein Banner stellten; jeder Friedensschluß endlich trug ihm einen Lohn für Anstrengungen ein, die es doch nur zur eigenen Vergrößerung gemacht hatte. Das waren die Folgen des mächtigen Impulses, den das Genie seiner ersten Könige dem Lande gegeben hat. – Die Beobachtungen, welche ich während der ganzen Dauer des Krieges 1806 und 1807 in Frankreichs Hauptstadt selbst anstellen konnte, standen mit dem, was die Regierungsorgane über die Zustände des Landes zu verbreiten bemüht waren, in absolutem Widerspruche. Ich hatte Gelegenheit, mich von der äußersten Sorgfalt zu überzeugen, die der Kaiser anwandte, um die Wirkung seiner Siege zu vergrößern. Der gewonnenen Schlacht ging in Paris die kunstgerecht vorbereitete Nachricht von einer Niederlage voraus; die Mitglieder der Regierung selbst thaten, als schwebten sie in lebhafter Besorgniß, während bald darauf die Kanonen des Invalidenpalastes einen ihnen schon bekannten Sieg verkündeten. Indem Napoleon sich eines so kleinlichen Mittels bediente, verfolgte er ohne Zweifel den doppelten

Zweck, seinem Erfolge mehr Glanz zu geben und seiner Polizei das Mittel zu bieten, die Gesinnung der Individuen kennen zu lernen. Bezüglich des ersteren Gesichtspunktes mag er bis zu einem gewissen Grade seinen Zweck erreicht haben; nicht so in Betreff des letzteren. In Paris herrschte damals ein Stumpfsinn, erzeugt durch das Gefühl der Wucht, mit der der Kaiser auf allen Classen der Gesellschaft lastete. Es hätte daher auch, mit Ausnahme von *Agents provocateurs*, keine irgendwie hervorragende Persönlichkeit gewagt, eine der Regierung unliebsame Meinung laut zu äußern; was aber die Maulhelden betrifft, so sind sie nirgend zu fürchten. Die Empfindung, welche im Pariser Publicum die Nachricht einer von Napoleon gewonnenen Schlacht wach rief, war keineswegs die der Freude; es war die der Genugthuung, Frankreich den Folgen entronnen zu wissen und zu sehen, daß seine innere Ruhe nicht Gefahr liefe, in Folge eines derartigen Ereignisses gestört zu werden. Der Kaiser konnte mit gutem Fug zu jener Zeit sagen: „*La France c'est moi.*" Die revolutionären Elemente waren nur gedämpft. In Europa zählte das Land nicht einen Freund; so war es denn immer ein Gefühl der Beunruhigung, welches die Befriedigung über einen Sieg der französischen Armeen beherrschte, denn Jeder wußte, daß diese Siege stets neue nöthig machten, um das Werk zu vollenden, dessen Ausdehnung Niemand ermessen konnte. Das unter der Restauration so magische Wort der „*Gloire nationale*“ übte damals nicht die nämliche Wirkung. Mit geringen Ausnahmen hätte die Nation gerne den *Ruhm* für die Sicherheit hingegeben. Unter der Restauration wurde der Appell an die „*Gloire*“ eine Waffe der bonapartistischen und revolutionären Opposition; unter dem Kaiserthum waren die Gegner in der Verwerfung der kriegerischen Tendenzen einmüthig.

Siegestrunken kehrte Napoleon von den Ufern des Niemen nach Paris zurück. Den ersten Eindruck von dem unumschränkten Machtbewußtsein des unersättlichen Eroberers empfing das diplomatische Corps bei der üblichen Vorstellung, wo der Reihe nach die versammelten Vertreter der fremden Mächte die unangenehmsten Dinge aus dem Munde des Kaisers anzuhören hatten. Sarkasmen aller Art wechselten ab mit kriegerischen Drohungen. Ich kam noch am besten weg, obgleich bei den Verhandlungen über die Grenzberichtigung zwischen Oesterreich und dem Königreich Italien, die eben damals in der Convention von Fontainebleau ihren endlichen Abschluß fanden, jene Stimmung Napoleon's in einer für Oesterreichs Wünsche nichts weniger als befriedigenden Weise nachklang.

Um dieselbe Zeit war es auch, daß die Fürsten des neuen Rheinbundes nach Paris kamen, ihrem neuen Schutzherrn zu huldigen und die Glückwünsche zu den neuen Siegen darzubringen. An ihrer Spitze befand sich der Fürst Primas, Freiherr v. Dalberg. Ich hatte ungefähr sechs Wochen nach dem Eintreffen dieses Fürsten eine Audienz bei Napoleon in St. Cloud. Im Vorsaale traf ich den Fürsten Primas, der gekommen war, sich vom Kaiser zu verabschieden. Er sprach mit mir eben von dem ruhmvollen Ansehen des Bundes, von der Dankbarkeit seiner Glieder gegen den Kaiser Napoleon und von den hohen Bestimmungen, zu welchen das *deutsche Vaterland* berufen sei, als er die Einladung erhielt, in das Kabinet des Kaisers einzutreten. Er blieb ungefähr acht bis zehn Minuten beim Kaiser, dann traf mich die Reihe.

Napoleon entschuldigte sich, daß er mich so lange habe warten lassen. Ich bemerkte, daß wenigstens mir die Zeit schnell vergangen sei, da die Audienz des Fürsten Primas mir nicht lang geschienen habe, zumal für eine Abschieds-Audienz. „Nun, was wollen Sie," sagte mir Napoleon lachend, „dieser Mann ist voll von leeren Träumereien. Er quält mich fortwährend, ich solle die Verfassung von dem, was er das deutsche Vaterland nennt, herstellen. Er will sein Regensburg haben, seinen Reichskammergerichtshof sammt allen Traditionen des alten Deutschen Reiches. Er hat wieder von diesen Albernheiten zu sprechen versucht, aber ich habe kurz abgeschnitten. *Monsieur l'Abbé, lui ai-je dit, je m'en vais vous confier mon secret. Les Petits en Allemagne voudraient être protégés contre les Grands; les Grands veulent gouverner selon leur fantaisie; or, comme je ne veux de la fédération que des hommes et de l'argent et que ce sont les Grands et non les Petits qui peuvent me fournir les uns et l'autre, je laisse en repos les premiers, et les seconds n'ont qu'à s'arranger comme ils pourront!*" –

Meine persönlichen Beziehungen zu Napoleon gewannen bald den Charakter wieder, den sie gehabt, ehe er in's Feld gezogen war. Um jene Zeit langte General Graf Peter Tolstoy als Botschafter Rußlands in Frankreich an. Kaiser Alexander hatte ihm eingeschärft, sich enge an mich anzuschließen und meine Rathschläge zu befolgen. Graf Tolstoy hatte bis dahin nicht in der Diplomatie gedient, auch hätten ihn die Richtung seines Geistes und seine ausschließlich militärischen Kenntnisse nie diese Laufbahn einschlagen lassen; er unterwarf sich nur dem Willen des Kaisers, als er den Botschafterposten in Paris annahm. Die Wahl des Kaisers Alexander war meiner Ansicht nach der Sachlage vollkommen angepaßt. Als eifriger Conservativer, nach Neigung und Gewissen Gegner des Eroberungssystem, machte dieser „Botschafter wider Willen“ aus seinen Gesinnungen kein Hehl und errang darum nicht minder die Achtung Desjenigen, dessen Tendenzen zu überwachen er beauftragt war. Graf Nesselrode, der spätere Vicekanzler des russischen Kaiserreiches, bekleidete damals unter dem Grafen Tolstoy die Stelle des ersten Botschaftssecretärs.

Von dieser Zeit datiren die Beziehungen persönlichen Vertrauens zwischen uns, die sich durch die verschiedenen Phasen unseres öffentlichen Lebens hindurch behauptet haben.

Nach dem Frieden von Tilsit waren die Blicke des Kaisers der Franzosen nach Spanien gerichtet. Um die Ausführung seiner Pläne zu sichern, hatte er für nöthig erachtet, Rußland lahm zu legen, nachdem er in zwei aufeinander folgenden Kriegen Oesterreich und Preußen besiegt und die Ostgrenze seines Reiches durch den Rheinbund gedeckt hatte. Das Unternehmen hatte in Erfurt nur zu großen Erfolg. Die Konferenzen, die dort zwischen Napoleon und Alexander stattfanden, waren ein Fallstrick für den russischen Monarchen. Im Grunde richteten sich Napoleon's Gedanken weder gegen das türkische Reich noch gegen Asien, und wenn der Haß, den er England widmete, ihn für einen Augenblick den Gedanken fassen ließ, es in seinen indischen Besitzungen anzugreifen, so bestand dies Project nur als eine von dem Zusammenspiel noch entfernter Umstände abhängige Eventualität. Napoleon beschäftigte sich vielmehr mit der Vervollständigung seines Continentalsystems und mit der Vertreibung der Bourbonen vom Throne Spaniens. Die Uebertreibung dieser, schon an und für sich, gigantischen Pläne hat wenige Jahre später den Sturz Napoleon's herbeigeführt, so wie seine Unternehmung gegen Spanien, die ohne Zweifel ein ganz verfehlter Gedanke von seiner Seite gewesen ist, den Eintritt der Katastrophe nur beschleunigt hat.

Napoleon verließ im August Paris. Die Geschichte hat es übernommen, die Ereignisse aufzuzeichnen, deren Schauplatz Spanien damals war, und ihre Rückwirkungen auf das Schicksal Europas der Nachwelt zu überliefern. Der Eindruck, den sie auf das österreichische Kabinet machten, war ein lebhafter; ich habe ihn mehr herausgefühlt, als ich auf amtlichem Wege davon Kunde hatte. Da ich aus einer Lage herauszukommen wünschte, die mir nicht die nöthige Aufklärung gewährte, erbat ich mir die Erlaubniß, die Abwesenheit des Kaisers von Paris zu einer Reise nach Wien benützen zu dürfen, um mir daselbst Informationen zu holen und diejenigen, über die ich verfügte, zu überbringen. Nachdem mir dies gestattet wurde, machte ich mich am 4. October auf den Weg und langte am 10. in Wien an.

Die Zusammenkunft von Erfurt erfolgte im Laufe der Monate September und October 1808. Von Wien ward General Baron Vincent unter dem Vorwande, die beiden Kaiser zu begrüßen, dahin gesandt; er hatte seit dem Frieden von 1805 bis zu meiner Ankunft als Gesandter in Paris fungirt. Sein offener und loyaler Charakter, wie die Richtung seines Geistes, hatte ihm Napoleon's Achtung erworben. Kaiser Franz hätte für eine so heikle Sendung keine bessere Wahl treffen können. Sowol durch ihn als durch meinen Collegen Tolstoy von dem, was sich in Erfurt begab, auf dem Laufenden gehalten, mußte ich voraussehen, daß eine Reihe ungeheurer Verwicklungen unfehlbar aus der Annäherung zweier Gewalten, wie die Napoleon's und Alexander's waren, sich ergeben werde: aus einer Annäherung, die keine reelle Grundlage hatte und von Seite des Kaisers der Franzosen nur eine dem russischen Monarchen gelegte Falle war. Aber die Rechnung war falsch, weil Napoleon, als er auf die zeitweilige Täuschung des Kaisers von Rußland speculirte, sich in der Zeit irrte, die er brauchte, um die Umwälzung in Spanien zu bewerkstelligen.

Der Kanzler Graf Romanzow folgte Napoleon nach dessen Rückkehr von Erfurt auf dem Fuße. Er kannte mich seit meiner frühesten Jugend, denn er war zu jener Zeit, wo er als Gesandter Rußlands bei den rheinischen Höfen seinen Wohnsitz zu Frankfurt aufgeschlagen hatte, College meines Vaters gewesen. Während seines Aufenthaltes in Paris unterhielt Graf Romanzow mit mir Beziehungen inniger Vertrautheit und war zugleich in seiner ganzen Haltung bemüht, dem vorgeblichen neuen Verbündeten Rußlands in der ausgesuchtesten Weise zu schmeicheln. Indem Graf Romanzow also handelte, war er in gutem Glauben und nahm, wie ich nicht zweifle, diese Allianz für ernsthaft. Ich bin überzeugt, daß er nur der Stimme seines Gewissens folgte, als er sich bemühte, meine Gedanken in Betreff dieser neuen politischen Phase zu berichtigen. Graf Romanzow, ein Mann von Geist, aber ohne tieferes Verständniß, hatte sich in den Netzen fangen lassen, die Napoleon nach ihm ausgeworfen. Von Seite des Letzteren mit Liebenswürdigkeiten überhäuft, nahm er diese Kundgebungen für bare Münze und ward zuletzt davon so verblendet, daß er im Verlauf einer längeren Unterredung über, ich weiß nicht mehr was für ein bevorstehendes Ereigniß, mich mit folgenden Worten beschwichtigen zu können meinte: „Ich habe Napoleon in meiner Tasche; glauben Sie, daß ich ihn loslassen werde?“ Durch ein sonderbares Zusammentreffen von Umständen war ich eben vom Kaiser gekommen und hatte aus der Besprechung mit ihm ein Vorgefühl mitgebracht, welches sich gar bald verwirklichte. In diesem Gespräche nämlich hatte sich Napoleon gegen mich über den Kanzler mit vollständiger Offenheit ausgelassen und aus der geringen Meinung, die er von ihm als Staatsmann habe, gar kein Hehl gemacht.

In der allgemeinen Lage der Dinge war meine Stellung eine sonderbare. Auf dem vorgeschobensten Posten stehend, um die Bewegung, deren Mittelpunkt der Kaiser der Franzosen bildete, zu beobachten; bei ihm einen großen Monarchen vertretend, dessen Reich der Last der Umstände unterlegen, aber bereit war, bei der ersten Gelegenheit sich wieder zu erheben; und von dem Gefühl der Gefahr durchdrungen, die mein Land lief, wenn es sich mit Frankreich in einen neuen Krieg einließ, ohne sich wahrscheinlicher Chancen des Erfolges versichert zu haben: begriff ich, daß meine Aufgabe sich in die Rolle eines ruhigen und so unparteiischen Zusehers zusammenfasse, als dies einem Mann von Herz in einer Epoche, wo die Welt eine sociale Umgestaltung durchmachte, möglich sein konnte. Nirgends war der Kampf der in Gährung begriffenen Elemente heftiger entbrannt als in dem großen Lande, in dem ich wohnte. Außerhalb der Grenzen Frankreichs kannten die Regierungen noch keine andere Sorge, als den politischen Uebergriffen des Eroberers Widerstand zu leisten, der sich die kaiserliche Krone auf's Haupt gesetzt hatte. Der Kampf zwischen den verschiedenen Regierungssystemen bestand, im Grunde genommen, nur in Frankreich. Auf dem Gipfel der Macht durch die sociale Revolution angelangt, war Napoleon damit beschäftigt, den von ihm geschaffenen Thron durch monarchische Institutionen zu stützen. Die Umsturzparteien, welche es mit einem Manne zu thun hatten, der, gleich groß als Gesetzgeber wie als General, sein Land und den Geist seiner Nation besser kannte als irgend einer seiner Vorgänger in der Leitung der Staatsgeschäfte Frankreichs, waren vor Allem darauf bedacht, aus dem Schiffbruch ihrer Werke zu retten, was sie vor den Eingriffen der kaiserlichen Gewalt in Sicherheit bringen zu können meinten – ohnmächtige Anstrengungen, die doch darum nicht minder merkwürdig zu beobachten waren.

Meine unparteiische Haltung erwarb mir das Zutrauen von Seite der hervorragendsten Männer der verschiedenen Parteien, von Napoleon selbst angefangen. Ein einziges Individuum nur machte hievon eine Ausnahme: Lafayette habe ich nie gesehen. Wenn der Kaiser mir von ihm redete, nannte er seinen Namen jederzeit mit dem Ausdruck jener Geringschätzung, die er überhaupt allen Leuten bezeigte, welche er für Ideologen hielt. Unter den eifrigsten Höflingen der kaiserlichen Regierung begegnete man den feurigsten Anhängern eines Regimentes, das, nachdem es Blut in Strömen vergossen hatte, unter dem

Directorium in Rauch aufgegangen war. Napoleon sprach von diesen Menschen mit tiefer Verachtung; eines Tages sagte er mir: „Diese Leute, welche noch vor Kurzem die Vollstrecker ruchloser Thaten waren, sie verwende ich heute zum Aufbau des neuen socialen Gebäudes. Es gibt unter ihnen gute Arbeiter; das Uebel war, daß sie Alle haben Baumeister sein wollen. So sind übrigens die Franzosen; kaum Einer unter ihnen, der sich nicht für tauglich hielte, das Land zu regieren!“

Unter den traurigen Berühmtheiten einer blutigen Epoche citire ich Barère, der sich mit der Zeit den Spottnamen eines *Anakreon der Guillotine* erworben hatte. Zu meiner großen Ueberraschung ließ mich dieser Mensch eines Tages um eine Unterredung ersuchen. Ich fand in ihm die Spuren jener falschen Eleganz, die auch Robespierre charakterisirt hatte. Der Beweggrund, der ihn zu mir führte, war, für einen seiner Verwandten eine Gunst zu heischen. Nach seiner Physiognomie zu urtheilen, hätte man ihn für das harmloseste Wesen der Welt halten mögen. Ich werde vielleicht noch von Persönlichkeiten vom Schlage der Barère und der Merlin de

Thionville zu sprechen haben, deren Reich mit dem des Schreckens geendet hatte.

Napoleon beschäftigte sich, wie früher erwähnt, mit der Umwälzung Spaniens. Er schickte sich an, persönlich dem Schauplatz näher zu kommen, auf dem das große Drama gespielt werden sollte. Dies letztere konnte Aussichten eröffnen, die das Wiener Kabinet nicht außerhalb seiner Berechnungen lassen durfte. Die in Oesterreich getroffenen Vorbereitungen deuteten auf kriegerische Absichten. Bevor er Paris verließ, wollte Napoleon gegen Oesterreich einen Schlag führen, und wählte zu diesem Ende die feierliche Audienz, die er dem diplomatischen Corps am 15. August, seinem Namenstage, zu bewilligen gewohnt war.[1]

Diese Audienzen gingen unmittelbar dem Gottesdienste vorher, zu dem sich der Kaiser mit

1 Bis zur Epoche des Concordates hatte der heilige Napoleon keinen bestimmten Tag im Kalender. Der Kaiser der Franzosen erlangte vom Papste Pius VII., daß das Fest seines Schutzheiligen auf den Tag der Himmelfahrt Mariens anberaumt wurde. Da dieser Tag einer der durch die Vereinbarungen mit dem römischen Hofe geweihten großen Feiertage war, wählte ihn der Kaiser, damit sein Namenstag mit einem in ganz Frankreich begangenen religiösen Feste zusammenfalle.

großem Gefolge in die Schloßkapelle von St. Cloud begab. Kurz vor der Mittagsstunde wurde das diplomatische Corps in den Audienzsaal geführt. Ich nahm im Cercle den gewohnten Platz, hatte zu meiner Rechten den Grafen Tolstoy, und das übrige diplomatische Corps war im Halbkreise herum geordnet, dessen Mittelpunkt der Kaiser bildete. Bei derlei Festlichkeiten reihten sich hinter ihm die Prinzen seiner Familie, die Minister mit Portefeuille, die Hofchargen und die Adjutanten.

Nach einigen Augenblicken ungewohnten Stillschweigens schritt Napoleon mit berechnetem Ernst auf mich zu. Er blieb zwei Schritte vor mir stehen und richtete mit lauter Stimme und in feierlichem Tone an mich die Frage: „Wohlan, Herr Botschafter, was will der Kaiser, Ihr Herr? Gedenkt er mich nach Wien zurückzurufen?“ Diese Anrede brachte mich nicht aus der Fassung; ich antwortete ihm mit Gelassenheit und nicht minder erhobenen Tones. Unser Gespräch nahm, je länger es dauerte, von Seite Napoleon's immer mehr den Charakter einer öffentlichen Manifestation an, und Napoleon hob immer mehr seine

Stimme, wie er jedesmal zu thun pflegte, wenn er den doppelten Zweck verfolgte, den Angesprochenen einzuschüchtern und auf die Zuhörer eine Wirkung hervorzubringen. Ich änderte meinen Ton nicht und wies seine gehaltlosen Beweisgründe mit der Waffe der Ironie ab; von Zeit zu Zeit rief Napoleon den Grafen Tolstoy zum Zeugen an, da er aber sah, daß dieser ein unerschütterliches Stillschweigen beobachte, drehte er sich mitten in einem Satze abbrechend um und schritt auf die Kapelle zu, ohne den Rundgang im Cercle gemacht zu haben. Dieser Auftritt hatte über eine halbe Stunde gedauert. Die Kaiserin Josephine und ihr Gefolge warteten in dem Saale, durch den der Kaiser zu kommen hatte, und man wußte sich die Länge dieser sogenannten diplomatischen Audienz nicht zu erklären.

Sobald Napoleon sich aus dem Saale entfernt hatte, drängten sich alle meine Collegen um mich, mir Glück zu wünschen, daß ich, wie sie meinten, dem Kaiser eine Lection ertheilt habe. Wenige Stunden später kam ich zum Grafen Champagny, damals Minister der auswärtigen Angelegenheiten, der zur Feier des Tages ein großes Festmahl gab. Bei meinem Eintreten sagte er mir, er sei vom Kaiser, seinem Herrn, beauftragt, mich zu versichern, daß die Scene bei der Audienz nichts Persönliches gegen mich haben sollte und daß die Absicht seines Herrn nur dahin gegangen sei, die Lage aufzuklären. Ich versicherte den Minister, daß auch ich den Zwischenfall auf diese Weise auslege und für meinen Theil nicht bedauere, daß der Kaiser mir Gelegenheit gegeben habe, im Angesichte des vereinigten Europa zu erklären, was der Monarch, den zu vertreten ich die Ehre habe, wolle – und was er nicht wolle. „Europa," fügte ich hinzu, „wird zu beurtheilen im Stande sein, auf welcher Seite sich die Vernunft und das gute Recht befinden." Herr v. Champagny antwortete nichts darauf.

Zum Verständniß der moralischen Stellung, von der das österreichische Kabinet beherrscht war, genügt es, auf die politischen Verhältnisse, in welchen sich damals Europa befand, hinzuweisen. Oesterreich war unter der Wucht des unglücklichen Ausganges des Krieges von 1805 zusammengebrochen. Unter dem Schutze des Kaisers der Franzosen hatte ein Rheinbund die Stelle des ehemaligen Deutschen Reiches eingenommen, und nach dem letzten Kriege zwischen Frankreich und Preußen waren auch die Fürsten Norddeutschlands in diesen Bund einbezogen worden. Tirol war an Baiern gekommen und das Herzogthum Warschau, unter der Oberherrlichkeit des Königs von Sachsen, wurde zwischen Oesterreich und Rußland eingeschoben. Der Friede von Tilsit hatte die preußische Macht vernichtet, und aus der Zusammenkunft von Erfurt war eine Schein-Allianz zwischen Rußland und Frankreich hervorgegangen, deren doppelter Zweck die stillschweigende Zustimmung der ersteren Macht zu den Uebergriffen der letzteren und die für den vorkommenden Fall abgemachte Theilung des ottomanischen Reiches zwischen beiden sein sollte.

So fand sich Oesterreich in einer Lage, in der es sich unmöglich behaupten konnte. In dieser Empfindung stand das kaiserliche Kabinet nicht allein; Napoleon war ebenso sehr davon durchdrungen und betrachtete Oesterreich als eine seinen neuen deutschen Verbündeten in Aussicht zu stellende Beute. Es lag somit der Wiederausbruch des Krieges nicht blos in der Natur der Dinge, sondern er bildete für unser Reich eine absolute Bedingung seiner Existenz. Diese Frage war in meinem Geiste entschieden. Das, worauf es aber ankam und was nach meiner Ansicht in reife Ueberlegung genommen werden mußte, bestand in der richtigen Wahl des Augenblicks für den Beginn des Krieges und in der Festsetzung des Operationsplanes.

Unmittelbar nach meiner Ankunft in Wien begab ich mich zum Grafen Stadion, in dessen Händen damals das Portefeuille der auswaertigen Angelegenheiten lag. Er gab mir Einblick in die Lage; ich fand, daß man dem Kriege schon näher gerückt war, als ich bei meiner Abreise von Paris hatte muthmaßen können. Ich setzte ihm die Gründe auseinander, die mich bewogen hatten, die Ermächtigung zu einer Reise nach Wien zu verlangen und gab ihm zu verstehen, daß es mir unmöglich sei, den meiner Obhut anvertrauten wichtigen Interessen wirklich dienlich zu sein, wenn ich nicht in die Gesinnung des Hofes vollständig eingeweiht würde. Graf Stadion bezeigte mir seine lebhafte Genugthuung, sich mit mir verständigen zu können. Am folgenden Tage verfügte ich mich zum Kaiser. Eine Unterredung, die mehrere Stunden lang dauerte, gab mir den Eindruck, daß das Kabinet in seiner Action weiter sei als der Kaiser in seiner Entschließung, zwar nicht in Betreff des Krieges an sich, den er mit gutem Fug als unvermeidlich betrachtete, wohl aber in Betreff der Wahl des richtigen Zeitpunktes. Seine Majestät empfahl mir dringend, mich in den Verfügungen, die auszuführen man im Zuge sei, zu orientiren und meine Rathschläge mit denen des Kabinets zu vereinbaren.

Durch diesen Befehl und die ungemeine Wichtigkeit der Umstände kühn gemacht, säumte ich nicht, die Lage, so wie sie war, in's Klare zu setzen. Sie bestand aus folgenden Elementen:

Die materielle Ausrüstung war ihrer Vollendung nahe, so daß die Armee mit dem Anfange des Jahres 1809 in's Feld rücken konnte. Alles war in dieser Hinsicht gesichert, und war es in einem Maße, von dessen Möglichkeit der Feind in Anbetracht der Unglücksfälle des Feldzuges von 1805 sich nicht versehen konnte.

Nicht so stand es mit der moralischen Seite des großen Unternehmens. Ich konnte mich überzeugen, daß das Kabinet in dieser Hinsicht sich mehr als einer Täuschung hingab.

Die Aenderung, welche der ursprüngliche Feldzugsplan erfahren, mußte nothwendig auf die moralische Seite des Unternehmens Einfluß üben, die nach meiner innigen Ueberzeugung in Anbetracht der Verfassung der Geister in Deutschland ebenso berücksichtigungswerth war, als die materiellen Operationen.

Da ich von Wien keine Anleitungen erhalten hatte, mußte ich klein beigeben. Nichts konnte Napoleon gelegener kommen. Er fuhr fort, mich nach meiner Rückkunft mit seinem gewohnten Wohlwollen zu behandeln. Die Passivität meiner Rolle bildete das Gegenstück zu der ungeheuren Thätigkeit in den militärischen Verfügungen, deren bloßer Zeuge zu sein ich beschränkt war. Wenn das Pariser Publicum nach meinen Beziehungen zum Hofe urtheilte, mußte es ihm schwer fallen, an den nahen Ausbruch eines neuen Krieges mit Oesterreich zu glauben. Napoleon liebte es, den Franzosen mit Ueberraschungen zu kommen, ihnen seine Kriege nur durch die Kanonenschüsse, die in Folge einer gewonnenen ersten Schlacht vom Invalidenpalaste gelöst wurden, anzukünden. Gerne hätte ich ihm verwehrt, diesmal so zu handeln, was mir leider nicht gelang; denn erst durch seine unvermuthete Abreise von Paris in der Nacht vom 13. zum 14. April, und durch die mir vom Grafen Champagny am 15. gewordenen Eröffnung, daß er von seinem Herrn den Befehl erhalten habe, mir meine Pässe zur Verfügung zu stellen, wurde ich von dem Bruche unterrichtet, weil der Courier, der mir aus Wien die Nachricht überbringen sollte, in Châlons sur Marne angehalten worden war. Unter Einem gab mir der Minister der auswärtigen Angelegenheiten im Namen des Kaisers die Versicherung, es würde für die Sicherheit meiner Familie gesorgt werden, falls ich dieselbe nicht mitnehmen, sondern in Paris zurücklassen wollte.

Als ich meine Abreise auf den 19. festgesetzt hatte, verweigerte mir der Oberstpostmeister de Lavalette[2] die Pferde unter dem Vorwand, diesel-

2 Einer der ältesten Adjutanten des Generals Bonaparte. Ich hatte seine Bekanntschaft auf dem Rastädter Congresse gemacht, bei dem er Anfangs gegenwärtig gewesen war. Er war es, dem seine Frau nach der Rückkehr der Bourbonen im Jahre 1815 zur Flucht aus dem Gefängnisse verhalf, in welchem ihm ein Urtheil bevorstand, das ihn zum Schicksalsgenossen des Marschalls Ney und des Generals Labédoyère gemacht hätte.

ben für den Dienst des Kaisers zu benöthigen. Auf meine wiederholten Bitten folgte stets dieselbe Weigerung, und aus diesem Zustand von Ungewißheit wurde ich erst durch einen Brief des Grafes Champagny gezogen, den er unterm 19. aus München an mich richtete, und in welchem er mich benachrichtigte, daß die Ursache der meiner Abreise von Paris bereiteten Hindernisse in der Verhaftung des französischen Geschäftsträgers und der Botschaftsattaches in Wien und deren Abführung nach Ungarn liege. Gleichzeitig eröffnete mir der Minister, daß vor Auswechslung des Botschaftspersonales mir nicht würde gestattet werden, Paris zu verlassen.

Das Vorgehen des Wiener Hofes war eine ungewöhnliche und auch ganz unnöthige Maßnahme, hervorgerufen von der Besorgniß, es möchte meine persönliche Sicherheit bedroht werden, da der französische Botschafter sich bereits seit einiger Zeit aus Wien zurückgezogen hatte. In meinen Augen enthielt die Thatsache einen neuen Beweis dafür, wie falsch das österreichische Kabinet Napoleon's Geist und Haltung beurtheilte.

Ich blieb ruhig in Paris und konnte mich durch eigene Beobachtung überzeugen, wie sehr Frankreich des Krieges müde war. Die Nachricht der so gewichtigen Erfolge, welche Napoleon's Feldzugseröffnung bezeichneten, ward in Paris mit einem peinlichen Gefühle aufgenommen, das bereits einer Abneigung gegen den kaiserlichen Eroberer sich näherte. Mein gesellschaftliches Leben blieb dasselbe wie vor dem Bruche, ja ich konnte vielmehr eine Steigerung der Aufmerksamkeiten gegen mich von Seite des Publicums constatiren.

Da ich an diesem Punkte der Erzählung bei dem Ende meines Botschafteramtes in Frankreich angelangt bin, glaube ich einige Worte über die innere Lage dieses Landes sagen und einige Andeutungen über mehrere hervorragende Individualitäten der Zeit geben zu sollen.

Frankreich fühlte das Bedürfniß nach Ruhe, und dies Gefühl herrschte nicht blos in den Massen, es wurde von Napoleon's Waffengenossen selbst getheilt. Diese Leute waren zum großen Theile aus den unteren Graden der Armee hervorgegangen und zum Gipfel der militärischen Ehren gelangt; sie waren mit der fremden Beute und durch die berechnete Großmuth des Kaisers reich ausgestattet worden und wünschten daher das, was sie erworben hatten, zu genießen. Napoleon hatte ihnen ein glänzendes Dasein bereitet. Der Fürst von Neuschatel (Berthier) hatte mehr als 1,200.000 Francs Rente zu verzehren; der Marschall Davoust hatte ein Vermögen gesammelt, das nahezu eine Million Einkünfte abwarf; Masséna, Augereau und viele andere Marschälle und Generale verfügten über ähnliche Reichthümer. Diese Männer wollten ihr Vermögen genießen und es nicht täglich, gerade wie ihr Leben, durch die Wechselfälle des Krieges auf's Spiel gesetzt sehen.

Gleich den Generalen hatten auch viele bürgerliche Existenzen sich zur Höhe großer Reichthümer erschwungen. Eine Quelle des Reichthums, die während der Revolutionskriege für eine Classe abenteuernder Geister bestanden hatte, war versiegt; die Fehde, die Napoleon den pflichtvergessenen Armeelieferanten erklärt, und die strenge Ordnung, die er in der Gebarung mit den Staatsgeldern eingeführt hatte, übte auf diese, vor der Thronbesteigung des Kaisers, in Frankreich so zahlreiche Classe einen Rückschlag und flößte ihr eine Abneigung gegen die kriegerische Politik ein, die vormals von ihnen und ihrer großen Kundschaft mit all' ihren Wünschen umgeben worden war. Die durch die jährlichen Truppenaushebungen in ihren Familien decimirte Nation, weit entfernt, sich für militärische Operationen zu interessieren, die so weit von Frankreichs Grenzen vorgingen, daß selbst die Ortsnamen der neuen Siege im Lande unbekannt waren, verwünschte sogar die Eroberungen, deren politischen Werth sie nicht zu erfassen vermochte. Mit einem Worte, der Geist Frankreichs war auf den Frieden gerichtet, und ein großer Fehler der europäischen Höfe zu jener Zeit war es, daß sie in ihrer politischen Action diese Thatsache nicht in Anschlag brachten. Napoleon hatte die Macht, aber zwischen dem von ihm befolgten System und der Stimmung des von ihm regierten großen Landes bestand ein Widerstreit, der von den Kabineten nicht erkannt wurde. Es wäre sehr vernünftig und nützlich gewesen, denselben nicht von ihren Berechnungen auszuschließen, die trotz Allem, was die französischen Manifeste darüber sagten, doch nur aus dem Gefühle der

Selbsterhaltung der Staaten entsprangen. Der Werth, den ich darauf legte, daß schon beim Herannahen des Krieges das richtige Verfahren eingeschlagen werde, erklärt sich aus der soeben niedergeschriebenen Bemerkung. Der allgemeine Irrthum in Europa kam daher, daß man den raschen Uebergang von der nationalen Bewegung in Frankreich in den stürmenden Ehrgeiz eines Einzelnen übersah. Auch mir wäre es kaum möglich gewesen, diesen Unterschied der Zustände so klar zu erkennen, wie ich ihn in der That erkannt habe, hätte ich nicht die Elemente dazu an Ort und Stelle sammeln können.

Der Kaiser erfreute sich in Frankreich jener Popularität, die immer einem Staatsoberhaupte zu Theil wird, welches mit gleichzeitig fester und gewandter Hand die Zügel der Gewalt zu halten versteht. Der realistische Geist Napoleon's ließ ihn die Bedürfnisse eines Landes, wo der sociale Bau wieder aufzurichten war, erkennen; Krieger nach Außen, war er Gesetzgeber und geschickter Administrator im Innern. So bedauerte denn das Land, ihn und seine Schöpfung beständig den Wechselfällen des Krieges ausgesetzt zu sehen.

Frankreich hatte aufgehört von kriegerischem Geiste beseelt zu sein. Nur die revolutionären Parteien hatten in den Jahren zwischen 1792 und dem Anfange des neunzehnten Jahrhunderts die kriegerischen Ideen in der doppelten Absicht genährt, die Armee, die im Innern in eine Gefahr für diese Parteien ausschlagen konnte, außerhalb der Grenzen zu beschäftigen und letztere gegen die fremde Invasion zu vertheidigen. Hätte Napoleon seine Pläne auf die Erhaltung der Eroberungen der Republik beschränkt, er würde seine Popularität vermehrt haben; sein kriegerisches Temperament riß ihn weit darüber hinaus. Er war geborner Eroberer, Gesetzgeber und Verwalter und glaubte gleichzeitig alle drei Richtungen verfolgen zu können; sein unzweifelhaftes Genie lieferte ihm die Mittel dazu. Der Gesinnung der ungeheuren Mehrheit der Nation wäre Genüge geschehen, wenn er sich auf die Regierungssorgen beschränkt hätte.

Diese nationale Strömung wurde damals von dem größten Theile der Großwürdenthräger getheilt. Ich zähle hiezu den Fürsten von Benevent (Talleyrand), Fouché, damals Polizeiminister, und eine große Anzahl von Marschällen und Generalen. Die moralische Macht des Kaisers war zu überwältigend, als daß sie offenen Widerstand hätten leisten können; was ihnen blieb, war das Hilfsmittel der Intrigue, welches übrigens dem Charakter der beiden erstgenannten Persönlichkeiten ganz entsprach. Ich hatte während der Dauer meines Botschafteramtes mehrfach Gelegenheit, diese Thatsache zu constatiren.

Herr v. Talleyrand war mit außerordentlichen geistigen Fähigkeiten begabt. Meine langen Beziehungen zu ihm ließen mich erkennen, daß er sich seinem ganzen Wesen nach mehr zum Zerstören als zum Schaffen eigne. Ihn, den Priester, zog sein Temperament auf antireligiöse Bahnen; als Adeliger von Geburt plaidirte er für die Aufhebung seines Standes; unter dem republikanischen Regimente verschwor er sich gegen die Republik; unter dem Kaiserthum neigte er beständig zur Conspiration gegen den Kaiser; unter den Bourbonen endlich arbeitete er an dem Sturze dieser legitimen Dynastie. Zu verhindern, daß etwas Bestimmtes geschehe, dazu war Talleyrand immer geschickt, in entgegengesetzter Richtung konnte ich an ihm nicht die gleiche Fähigkeit erkennen. So beurtheilte ihn auch Napoleon und hatte Recht. In einer unserer Unterredungen, die in Folge einer der zahlreichen Austritte des Herrn v. Talleyrand aus dem Ministerium stattfand, sagte der Kaiser zu mir: „Wenn ich etwas machen will, gebrauche ich nicht den Fürsten von Benevent; ich wende mich an ihn, wenn ich eine Sache nicht machen, aber scheinen will, daß sie wolle.“ Im Privatleben war Herr v. Talleyrand von ebenso zuverlässigem als angenehmem Umgange.

Fouché war in Folge der widersprechenden Geistesart beider Männer der vollständige Gegensatz Talleyrand's. Das Wort Nebenbuhlerschaft war auf sie nicht anwendbar. Ihre Gegnerschaft war eine gründliche, denn sie hatte ihre Quelle in der Verschiedenheit der Charaktere. Fouché war Priester gewesen wie Talleyrand, und hatte sich mit Blut und Koth befleckt, während dieser sich in die Theorien jener Schule verlor, die sich selbst die englische nannte. Fouché war ein Feind aller Theorien; er war ein Mann der Praxis, der vor keinem Hindernisse zurückschreckte. Ein tiefer Kenner des französischen Geistes, schritt er mit seiner Zeit fort, immer aber auf den extremen Wegen, überzeugt wie er war, daß nur auf diese Weise ein gleichfalls extremer Zweck zu erreichen sei. Nie hatten die beiden Männer Berührungspunkte unter sich, außer wenn sie sich in der Verfolgung einer Verschwörung gegen die bestehende Ordnung der Dinge kreuzten. Napoleon kannte Beide und bediente sich ihrer Fähigkeiten, wie ihrer Fehler, je nachdem er sie zu Gunsten seiner eigenen Absichten benutzen zu können glaubte. Zu der Zeit, von der ich spreche, hatte sich Fouché als Polizeiminister das Vertrauen der Emigrirten, denen Napoleon die Pforten Frankreichs wieder geöffnet hatte, erworben. Er erwies ihnen alle in seiner Macht stehenden Dienste, und dieselben trugen den Charakter völliger Uneigennützigkeit. Fouché ahnte den Sturz des Kaisers voraus und sah von da ab nur die Rückkehr der Bourbonen als möglich an.

Der Mann, in dessen Regierungstalent Napoleon das meiste Vertrauen setzte, war Cambacérès, weshalb er ihn auch immer zum Leiter der Geschäfte bestellte, wenn er außerhalb Frankreichs in's Feld zog. Mehr als Ein Mal machte mir Napoleon die Analyse der Eigenschaften, die nach seiner Meinung den Erzkanzler auszeichneten. Ich war nicht in dem Falle, mir selbst ein Urtheil über Cambacérès zu bilden, denn er lebte in einer Zurückgezogenheit, aus der er nur hervortrat, um mit seiner Stellung Prunk zu machen. Bei Beginn der Revolution saß er als Advocat im Parlamente von Aix in der Provence, dessen Präsident Herr d'Aigrefeuille war. Der Advocat machte Glück, der Präsident ward zu Grunde gerichtet. Da Beide durch Freundschaft verbunden waren, nahm ihn Cambacérès in sein Haus. Als sein Beschützer auf dem Gipfel seiner Größe angelangt war, bekleidete d'Aigrefeuille bei ihm die Functionen eines Dienstvorstandes. An dem Tage, als Cambacérès mit der Würde eines Erzkanzlers des Kaiserthums – dieser phantastischen Nachahmung der Gebräuche des ehemaligen Deutschen Reiches – bekleidet wurde, womit das Prädicat „Durchlaucht“ verbunden war, begrüßte d'Aigrefeuille als der Erste ihn mit diesem Titel. „Wenn wir unter uns sind“, sagte Cambacérès zu ihm, „so bedienen Sie sich nie dieses leeren Titels; fahren Sie fort, mich als Freund zu behandeln und beschränken Sie sich darauf, mich „Monseigneur“ zu nennen.“

Als Napoleon eben das erste Schock Grafen und Baronen geschaffen hatte, feierte Cambacérès diesen Tag mit einer Tafel, bei welcher er die Botschafter und ersten Würdenträger des Reiches versammelte. Nach aufgehobener Tafel kamen die Neugeadelten, um ihm ihre Huldigung zu bezeigen. In dem Maße, als die Kammerdiener die neuen Titelträger anmeldeten, ließ sich Gelächter im Empfangssaale vernehmen; Cambacérès allein trat aus seinem Gleichmuthe nicht heraus. –

Am 16. Mai schrieb mir der Polizeiminister (Fouché), er habe mich in Befolgung der vom Kaiser erhaltenen Befehle aufzufordern, nach Wien abzureisen, um dort gegen das Personale der französischen Botschaft ausgewechselt zu werden. Er verlangte den Tag zu wissen, an welchem ich mich auf den Weg machen zu können glaubte, wobei er mich bat, meinen Entschluß zu beschleunigen – mit dem Beifügen, daß ich für die Dauer meiner Reise von einem Gendarmerie-Officier escortirt werden würde. Ich setzte meine Abreise auf den folgenden Tag fest, indeß hielt mich eine Augenentzündung bis zum 26. in Paris zurück. Ich nahm alle Beamten der Botschaft und einige auf der Durchreise in Paris weilende Oesterreicher mit mir, welche ohne diese Gelegenheit Schwierigkeiten erfahren hätten, aus Frankreich hinauszukommen. Meine Familie ließ ich im Botschafts-Hotel zurück. Die Fortschritte, die der Krieg gemacht hatte und die Besetzung Wiens selbst, ließen mich diese Wahl den Wechselfällen einer beschwerlichen Reise vorziehen. Uebrigens kannte ich das Terrain zu gut, um nicht über die friedliche Existenz der Meinen in Paris völlig beruhigt zu sein.

In Châlons sur Marne begegnete mir der erste Zug gefangener Oesterreicher, unter denen sich mehrere mir bekannte Officiere befanden. Ich beeilte mich, aus ihrem Munde Auskünfte zu erholen, die ich mir nicht hätte verschaffen können, da ich jeder anderen Information als der französischen Armeebulletins seit der Eröffnung des Feldzuges beraubt war. In Lüneville war das Gerücht einer von den Franzosen verlorenen Entscheidungsschlacht im Publicum verbreitet. In Straßburg fand ich dasselbe bestätigt, es bezog sich auf die Schlacht von Aspern. Die Kaiserin Josephine residirte zur Zeit in dieser Stadt. Kaum aus dem Wagen gestiegen, erhielt ich von ihr die Einladung, mich im Laufe des Abends zu ihr zu verfügen. Ich fand sie recht lebhaften Besorgnissen über die Folgen, welche das fragliche Ereigniß nach sich ziehen könnte, hingegeben. Sie machte mich mit den Einzelheiten, die sie erfahren hatte, bekannt, und diese ließen mir über die Bedeutung der Niederlage keine Zweifel. Sie lauteten so bestimmt und genau, daß Josephine gar nicht zweifelte, ich würde bei meiner Ankunft in Wien bereits die Friedensunterhandlungen im Gange finden. Die Kaiserin nahm sogar an, ich könnte Napoleon auf der Rückkehr nach Frankreich begegnen! Ich erwähne diese Thatsachen, weil sie den Beweis liefern, wie wenig Vertrauen in Betreff des Ausganges dieses Krieges man im Schoße der Familie Napoleon's selbst hegte.

Am 5. Juni kam ich in Wien an und stieg im Palais Esterházy ab, mit dem Fürsten Paul, der, als meiner Botschaft attachirt, sich in meinem Gefolge befand. Unverweilt verfügte ich mich zu meinem Vater, den ich über eine ihm soeben zugegangene Weisung, sich mit dem Erzbischofe von Wien und den Grafen Bergen und Hardegg bis zur Zahlung einer der Stadt Wien auferlegten Contribution als Geiseln nach Frankreich zu begeben, ganz niedergeschlagen fand. Mein Vater war entschlossen, nur der Gewalt zu weichen, in welchem Plane ich ihn bestärkte, während ich auf der anderen Seite auf mich nahm, Napoleon von einer so falschen Maßregel abzubringen. Zu diesem Ende wandte ich mich durch die Vermittlung des Fürsten von Neuschatel direct an den Kaiser, und die als solche bezeichneten Geiseln blieben fürder ohne weitere Beunruhigung in der Hauptstadt. Napoleon that, als falle die Schuld auf die Generalintendanz der Armee.

Am folgenden Morgen besuchte ich Herrn v. Champagny in der Burg, wo er die Gemächer der Kaiserin inne hatte, während Napoleon in Schönbrunn wohnte. Der Minister empfing mich mit honigsüßen Phrasen, aus denen gleichwol ein Gefühl lebhafter Unruhe heraus zu hören war. In Folge der Schlacht von Aspern hatte sich die Lage der französischen Armee verändert. Der öffentliche Geist war seinerseits in Wien wieder erwacht. Die Vorsichten, welche die feindliche Invasions-Armee traf, waren verdoppelt. Die Zeit ging mit entscheidenden Ereignissen schwanger, die von den Parteien auf ihre Weise ausgelegt wurden. Die Zuversicht war nicht auf Seite des Feindes. Herr. v. Champagny theilte mir mit, er sei ohne Nachricht über den Tag, an welchem die Beamten der französischen Botschaft an dem zur Auswechslung bestimmten Orte eintreffen würden, und lud mich ein, diesen Zeitpunkt in Geduld zu erwarten. „Denken Sie einstweilen über den möglichen Ausgang des schwebenden Dramas nach, Sie werden den Kaiser darüber in guter Stimmung finden.“ Ich antwortete, daß ich in meiner Eigenschaft als Gefangener mich mit Geschäften nicht abzugeben hätte, und daß ich die Verfügungen in Betreff meiner Person mit aller Ruhe abwarten würde. Herr v. Champagny ließ mich an diesem Tage an seiner Tafel theilnehmen und ich fand mich mitten im feindlichen Lager in der Eigenschaft eines unbetheiligten Beobachters. So hatte ich nicht Anlaß, mich auf das vorzubereiten, was mir für die nächstfolgende Zeit vorbehalten war.

Am 7. Juni Morgens verfügte sich ein Adjutant des Grafen Andréossy, damals Gouverneur von Wien, zu mir, um im Namen des Kaisers mir zu eröffnen, daß ich nicht in Wien bleiben könne, daß es aber nur von mir abhänge, bis zum Augenblicke meiner Auswechslung einen beliebigen Ort in der Umgebung der Hauptstadt zum Aufenthalt auszuwählen. Ich erklärte mich bereit, den Befehlen des Kaisers zu gehorchen, fügte jedoch hinzu, ich sei factisch aber nicht von rechtswegen Gefangener, und je mehr der Kaiser meine Zwangslage erschwere, desto mehr werde er sein Unrecht steigern. Ich machte den Vorschlag, ein meiner Mutter gehöriges Landhaus am Grünberg, eine halbe Meile von Wien, hart am Garten von Schönbrunn, zu beziehen. Diese Wahl wurde angenommen, worauf ich mich am Morgen des 8. dahin verfügte. Dem Gendarmerie-Officier, der mich seit Paris begleitet hatte, trug ich an, bei mir am Grünberg zu wohnen, und da ich meine unbequeme Lage die Beamten der Botschaft nicht theilen lassen wollte, nahm ich nur die zu meiner Bedienung nöthigen Leute mit. Während meines ganzen Aufenthaltes in diesem Landhause war ich wohl darauf bedacht, mich als Gefangener zu benehmen; trotz häufigen Zusprechens meines Kerkermeisters verließ ich den Umkreis meines Hauses nicht.

Einige Tage nach meiner Ankunft in Grünberg vernahm ich vor meinem Hause das Getrab eines Pferdes. Ich trat an's Fenster und erkannte den General Savary, der bei meinem Anblicke dergleichen thuend, als habe er nicht gewußt, daß ich hier wohne, sich vom Pferde schwang und mich besuchte. Savary besorgte im Hauptquartier die Geschäfte eines Polizei-Chefs, ein Amt, das er in gleicher Weise versah, wenn der Kaiser in Paris residirte, wo Savary an der Spitze einer Polizei stand, deren Aufgabe war, die von Fouché geleitete zu controliren. Die von Napoleon bewohnten Paläste hinwiederum standen unter der Ueberwachung einer dritten Polizei, deren Chef der Obersthofmarschall Duroc war.

General Savary säumte nicht auf Politik die Sprache zu bringen, indem er sich, mit scheinbar natürlicher Offenheit, tadelnd gegen den immerwährenden Krieg ausließ, dessen Gefahren für Frankreich selbst er aufzählte und die

Nothwendigkeit hervorhob, endlich zu einem dauernden Zustand des Friedens zu gelangen. Ich ließ ihn seine Phrasen vorbringen, ohne ihn zu unterbrechen, und da er meine Ruhe und Gelassenheit sah, sprach er zu mir: „Warum benützen Sie nicht die Gelegenheit, die Ihnen die Nachbarschaft des Kaisers zu einer Begegnung mit ihm gewährt? Sie wohnen Beide zwei Schritte von einander, die Gärten stoßen zusammen; statt in dem Ihren Luft zu schöpfen, gehen Sie in den Schönbrunner Garten hinüber; gewiß wird der Kaiser hocherfreut sein, Ihnen zu begegnen."

„Diese Befriedigung," versetzte ich, „könnte keine wechselseitige sein; doch immerhin würde nicht dies mich zurückhalten. Den Umkreis des Ortes, an dem ich mich befinde, verlasse ich nicht eher, als an dem Tage, wo ich dazu den Befehl erhalten werde; ich kann nichts halb thun. Wenn ich Gefangener bin, benehme ich mich auch als Gefangener; bin ich frei, so mache ich von meiner Freiheit Gebrauch; besäße ich aber schon zur Stunde die Freiheit, ich würde sie nicht dazu benützen, um mit Napoleon im Garten des Kaisers, meines Herrn, spazieren zu gehen."

„Sie wünschen also nicht den Kaiser zu sehen?", erwiederte Savary; „Sie würden ihn in der besten und friedliebendsten Verfassung finden. Ein Gespräch zwischen Ihnen und ihm hätte vielleicht glückliche Folgen. Sie würden vielleicht für den Kaiser Franz wichtige Andeutungen empfangen. Ich hoffe, Sie vermengen nicht eine gewisse Proclamation mit Napoleon's wahrer Gesinnung; Alles Worte, in den Wind gesprochen."

„Ich habe Ihrem Herrn weder etwas zu sagen, noch etwas von seiner Seite zu vernehmen," sagte ich zu Savary, „ich bin thatsächlich Gefangener und Gefangene meiner Sorte betrachten sich, wenn sie ihre Pflicht verstehen, als Todte."

Auf diese Erklärung verließ mich Savary. Ich zweifelte nicht daran, daß er von Napoleon beauftragt gewesen, meine Gemüthsverfassung in Betreff einer Zusammenkunft zu sondiren; und hätte ich nicht von allem Anfange die Vorahnung davon gehabt, so würde mir ein vom Minister der auswärtigen Angelegenheiten in demselben Sinne gemachter Schritt darüber volle Gewissheit verschafft haben. Das zweite wie das erste Mal verweigerte ich eine Zusammenkunft, die von Napoleon in einem Sinne ausgebeutet worden wäre, den ihr geben zu lassen, mir nicht erlaubt war. Es liegt am Tage, daß bei der Stellung der beiden Armeen Napoleon die Wechselfälle einer neuen Schlacht nach der bei Aspern zu vermeiden wünschte und sehr befriedigt gewesen wäre, wenn er sich meiner hätte bedienen können, um das kaiserliche Kabinet auf den Gedanken zu bringen, die ersten Schritte im Interesse einer friedlichen Beilegung zu machen.

Ich erhielt an dem Orte meiner Zurückgezogenheit die Besuche der hervorragendsten Männer Wiens. Ich lernte so die wirkliche Stellung der beiden Armeen kennen und konnte nicht in Zweifel ziehen, daß wir am Vorabende eines Ereignisses standen, dessen Ergebniß über das Schicksal des Feldzuges entscheiden mußte.

Am 17. Juni Abends erschien bei mir Oberst Avy, Generalstabs-Officier, um mir im Auftrage des Marschalls Berthier mitzutheilen, daß ich am folgenden Morgen nach dem Orte der Auswechslung abreisen werde und er den Befehl habe, mich zu begleiten. Ich verließ sohin am 18. meine Wohnung am Grünberg. In meiner Begleitung befanden sich die Attaches der Pariser Botschaft, Fürst Paul Esterhazy und Graf Mier, und der Legationsrath Ritter v. Floret. Auf diese Weise bestand mein Gefolge aus fünf Wagen, die von fünfzig berittenen Jägern escortirt wurden. An diesem Tage übernachteten wir im Schlosse des Grafen Harrach zu Bruck an der Leitha. Als wir am 19. in Wieselburg angekommen waren, ließ uns Oberst Avy Halt machen, bis zum Eintreffen der Meldung über die Ankunft des französischen Geschäftsträgers bei den Vorposten. Nachdem der Oberst aber am 21. durch einen Adjutanten des Vicekönigs von Italien (Eugène de Beauharnais) vernommen hatte, daß der Commandant von Komorn, General Davidovich, den Tag der Ankunft Herrn Dodun's im Hinblick auf die Entfernung des Ortes, an dem dieser Geschäftsträger sich befand, nicht genau bestimmen könne, erklärte er, nach seinen Weisungen habe die Auswechslung am 21. zu geschehen, und er im entgegensetzten Falle nach Wien zurückzukehren; er könne daher nicht länger in Wieselburg warten. Wirklich mußte ich am Abende desselben Tages den Rückweg in meine Internirungsbehausung am Grünberg antreten.

Napoleon ließ sich sofort durch einen seiner Adjutanten bei mir für das Geschehene entschuldigen und mir Briefe des Commandanten von Komorn und des Generalstabschefs des Vicekönigs mittheilen, zum Beweise, daß von seiner Seite kein Versehen noch Uebelwollen vorliege.

Am 26. Juni kam Oberst Avy mit der Meldung, der französische Geschäftsträger werde am 28. in Acs, einem zum Zwecke der Auswechslung für vierundzwanzig Stunden neutral zu erklärenden Orte, übergeben werden. Wir machten uns mit Anbruch des folgenden Tages wieder auf die Reise und langten zeitlich früh am 28. in Raab an. Unterwegs erfuhr ich, Preßburg sei in der Nacht vom 26. auf den 27. bombardirt worden. Nach einigen Stunden Ruhe reisten wir unter der Escorte von 50 Dragonern nach Acs weiter, wo ich bei dem General Montbrun, der auf diesem Punkte die Vorposten der französischen Armee befehligte, abstieg. Dem Punkte gegenüber, wo, nahe bei Gönyö, die große Straße längs des Donau-Ufers hinzieht, war eine österreichische Batterie errichtet. Der dieselbe befehligende Officier glaubte, als er vor seinem Angesichte eine Reihe von Equipagen, die eine starke Bedeckung escortirte, vorüberkommen sah, es sei das Gefolge des Vicekönigs von Italien und gab eine volle Ladung ab. Obgleich der Eifer übel angebracht war, konnte ich doch nicht umhin, der Geschicklichkeit unserer Artilleristen Gerechtigkeit widerfahren zu lassen. Von den zwei ersten Kugeln ging die eine zwischen den Rädern meines Wagens durch, die andere flog ein paar Fuß über dem Wagendach weg. Darauf verließ meine Escorte die große Straße und zog mich im Eilschritte querfeldein.

Als am 29. der Geschäftsträger am Orte des Rendezvous nicht eingetroffen war, schickte General Montbrun nach Komorn, um sich nach ihm zu erkundigen. General Davidovich antwortete zurück, Herr Dodun könne erst binnen zwei oder drei Tagen bei den Vorposten übergeben werden. Auf diese Nachricht führte mich Oberst Avy am 30. auf dem Wege über Bonn, um die famose Batterie bei Gönyö zu vermeiden, nach Raab zurück. Am Morgen des 1. Juli benachrichtigte der Generalstabschef des Prinzen Eugène den Obersten Avy, der französische Geschäftsträger sei in Komorn eingetroffen und werde um 2 Uhr Nachmittags in Acs sein. Ohne Verzug machten wir uns auf den Weg. Während dieses Hin- und Herfahrens war ich Zeuge einer großen Bewegung gewesen, die in der französischen Armee sich vollzog. Die Truppencorps, die mir begegneten, nahmen ihren Marsch gegen Wien. Da kein militärisches Ereigniß stattgefunden hatte, mußte ich diese Verfügungen auf einen Schlag deuten, den Napoleon vorbereitete.

Bei unserer Ankunft in Acs um 7 Uhr Morgens fanden wir das Schloß, in dem wir kurz vorher das Hauptquartier des Generals Montbrun verlassen hatten, leer. Der Schloßaufseher, den ich ausholte, sagte mir, der Ort sei seit dem vorigen Abende geräumt und nunmehr von einer Abtheilung der ungarischen Insurrection besetzt. Als der Oberst Avy diese Nachricht vernahm, sprang er aus meinem Wagen und rief dem die Escorte befehligenden Officier zu: „Man stelle mir das beste Pferd zur Verfügung!" Ich hielt den Obersten zurück: „Sie vergessen," sagte ich zu ihm, „daß nur die Rollen gewechselt sind. Ich habe mich unter Ihrem Schutze befunden, Sie sind nun unter meinen gekommen, das Völkerrecht wacht über Sie: man wird Sie nicht zum Gefangenen machen.“ In diesem Augenblicke erschien ein österreichischer Generalstabs-Officier mit einer Bedeckung und kündigte uns an, daß der französische Geschäftsträger an dem zur Auswechslung bestimmten Platze sich befinde. Ich forderte den Obersten Avy auf, seiner Escorte Halt zu gebieten und mir persönlich zu folgen. Wir verfügten uns nach dem Orte, an dem wir Herrn Dodun trafen. Ich ging zum österreichischen Corps hinüber, er zum französischen. Ich hörte nichts mehr von diesem Diplomaten; Oberst Avy aber verlor sein Leben in Spanien im Jahre 1810 oder 1811. Seiner persönlichen Aufmerksamkeit gegen mich, von der er bei jeder Gelegenheit während dieser undankbaren Mission Beweise lieferte, sei lobend gedacht.

In Komorn traf ich den Erzherzog Palatin, der über die ungarische Insurrection den Oberbefehl führte. Von ihm vernahm ich, daß Kaiser Franz im Hauptquartier zu Wolkersdorf weile und mit Ungeduld erwarte, daß ich ihm dahin folge. Ich verbrachte in Komorn die Nacht und erreichte Wolkersdorf am Abende des 3. Juli.

Der Kaiser empfing mich mit jener Herzensgüte, die er mir schon so reichlich bewiesen hatte. Er besprach mit mir den Verlauf der Ereignisse, die seit meiner Abreise von Wien in den letzten Tagen des vorhergehenden Jahres eingetreten waren. Fest und ruhig wie immer, stand er von der Schwierigkeit der Lage durchdrungen in der Erwartung eines den Krieg entscheidenden Ereignisses. Die Bewegungen in der feindlichen Armee, deren Zeuge ich eben gewesen, entsprachen dieser Voraussicht. Seine Majestät benachrichtigte mich, daß sie mich während des Restes des Feldzuges bei sich zu behalten gedächte.

Als ich den Kaiser verlassen hatte, verfügte ich mich zum Grafen Stadion, fand ihn niedergeschlagen und die Situation verloren gebend. Graf Stadion gehörte zu jenen Männern von lebhafter Einbildungskraft und hellem Verstande, die sich leicht den Eindrücken des Augenblickes überlassen. Menschen dieser Kategorie neigen stets zu Extremen; für sie gibt es keine Uebergänge und da die letzteren gleichwol in der Natur der Dinge liegen, so kommen sie den Ereignissen zuvor, statt daß sie dieselben abzuwarten wüßten und arbeiten dann leicht im Blauen. Der Minister gab mir zu, daß die Politik, die ich vorgeschlagen, mehr getaugt hätte, als die man befolgt hatte. Obgleich ich diesem Punkte mit ihm einer Meinung, versicherte ich ihn, daß ich das Unglück, das auf unserem Reiche laste, und die ungemeinen Gefahren, denen es ausgesetzt sei, nicht blos der Annahme eines bedenklichen Operationsplanes zuschreibe, die wahren Ursachen unserer Unfälle vielmehr in dem nicht günstig gewählten Zeitpunkte für die Schilderhebung und in der Unthätigkeit der Armee nach dem Siege vom 22. Mai erblicke.

Graf Stadion that mir zu wissen, daß er zur Entscheidung der Frage, ob er noch weiter dienen solle, den Ausgang einer Schlacht auf dem linken Donau-Ufer abwarte, deren Erzherzog Carl sich versehe und die in der That in Anbetracht der von der französischen Armee zur Bewerkstelligung eines Ueberganges über die Donau getroffenen Vorbereitungen unverweilt bevorzustehen schien.

Der 4. Juli verlief in Vorbereitungen für eine Schlacht. Ich befand mich beim Kaiser, als eine

Botschaft des Erzherzogs Carl ihm die Operation des Feindes und den Entschluß seiner kaiserlichen Hoheit meldete, denselben festen Fußes zu erwarten. „Sagen Sie meinem Bruder," antwortete der Kaiser dem Adjutanten, „ich sei der Ansicht, man dürfe nicht zu viele Feinde herüberlassen, und er würde gut thun, die schon Herübergekommenen in den Fluß zu werfen." An diesem Tage kam es nur zu partiellen Kämpfen zwischen den Vortruppen.

In der folgenden Nacht ging unter heftiger gegenseitiger Kanonade längs der Lobau die französische Armee aus dieser Insel weiter stromabwärts bei Orth und an zwei anderen Punkten über den Donau-Arm.

Am 5. Juli Morgens verfügte ich mich zum Kaiser auf das Schlachtfeld, auf dem das Geschick des Reiches sich entscheiden sollte. Der Kampf wurde bald ein allgemeiner und wir zogen uns erst mit einbrechender Nacht, beim Scheine der das Marchfeld bedeckenden Brände, nach Wolkersdorf zurück. Als wir uns Tages darauf mit dem grauenden Morgen wieder auf unsere Observationsposten verfügt hatten, waren wir Zeugen der uns entscheidend scheinenden Erfolge des rechten Flügels unserer Armee. Gegen 1 Uhr Nachmittags kam jedoch Graf Colloredo, einer der Generaladjutanten des Erzherzogs, mit der Meldung an den Kaiser, daß seine kaiserliche Hoheit den Rückzug der Armee angeordnet habe. Ohne die Fassung zu verlieren, fragte der Kaiser den Boten, ob der Erzherzog erst im Sinne habe, den Rückzug zu verfügen, oder ob der letztere bereits in Ausführung sei. Als der Kaiser darauf vernahm, die Armee sei bereits in vollem Rückzuge, sagte er zum Adjutanten: „Es ist gut“ und fügte, gegen mich gewendet, hinzu: „Wir werden Viel gut zu machen haben.“ Seine Majestät gab unverweilt Befehl, daß sein Hauptquartier sich nach Znaim verfüge. Wir blieben noch auf der Höhe, die vorwärts von Wolkersdorf die weite Ebene des Marchfeldes beherrscht, und setzten uns darauf in Marsch, um die Nacht in Ernstbrunn zu verbringen. Am folgenden Tag setzten wir unseren Rückzug bis Znaim fort.

Fürst Metternich über Napoleon Bonaparte

Vorrede des Uebersetzers

„Wenn ich an der Spitze der Deutschen gestanden hätte“, sagte Napoleon auf St. Helena, „so wäre ich nicht hier auf dieser einsamen Insel.“ Der Ausspruch ist historisch nachgewiesen. Er klingt wie das *Grabgeläute des französischen Ruhms* weit über die unendliche Meeresfläche des Oceans und verhallt am Strande Europa's, wo die erstaunten Völker dies merkwürdige, aber wahre Bekenntniß vernehmen. In diesen Worten liegt zugleich das Verständniß großer, historischer Thatsachen, die nunmehr kein Räthsel mehr für uns sind.

Es fehlt den Franzosen die bei den Deutschen sprichwörtlich gewordene angestammte *Treue*, somit die Beharrlichkeit, die Ausdauer, ja noch mehr, das Anerkennungsprincip in guten und bösen Tagen. Sie haben immer *die*, welche die Größe Frankreichs wollten, im Augenblick der Noth, bei der ersten schweren Prüfung feig im Stiche gelassen: Vercingetorix, Johanna von Orleans, Napoleon I. und Napoleon III. und andere zeugen dafür.

Es fällt gar nicht schwer, in der Geschichte Beispiele zu finden, um dies weiter zu illustriren. Ein

Beispiel mag hier genügen. Nach der Schlacht von Austerlitz streuten die biedern, treuen Oestreicher ihrem Kaiser Rosen; nach der Schlacht von Waterloo bewarfen die Franzosen ihren Kaiser mit Koth!

Die Franzosen können darum, trotz den hohen, geistigen Fähigkeiten, die sie besitzen, trotz den schönen, herrlichen Anlagen, die sie auszeichnen, nichts *Dauerhaftes* schaffen, es fehlt ihnen, man vergebe mir den Ausdruck, das Zeug dazu. Es geht ihnen wie Napoleon: sie können *gründen*, aber nicht *erhalten*.

Wir, die Zeitgenossen, haben gesehen, wie die Franzosen sich in fünf verschiedenen Regierungsformen versuchten und bald einer jeden überdrüssig wurden. Die sogenannte große Revolution hat ihnen kein Glück gebracht: ihre Finanzen haben furchtbar gelitten, ihr Ruhm ist geknickt, ihre Thatkraft ist gelähmt, und *daran sind sie selbst schuld.*

Das berühmte englische Parlamentsmitglied, Edmund Burke, einer der größten Staatsmänner und Redner Englands, sprach dem französischen Volk, als er die Hinrichtung von Marie Antoinette vernahm, allen *ritterlichen Geist* ab, und kennzeichnete die französische Revolution nicht als die

Geburtsstätte großer Ereignisse, sondern als die *Ausgeburt* roher Gewalt, verkommener Zustände, verrückter Ideen[3].

Wie Burke und andere große Staatsmänner hatte auch *Metternich* die Ueberzeugung, daß man die so bewunderte französische Revolution von 1789 und 1792 nicht als das gelobte Land socialer Errungenschaften betrachten könne und hat diese seine Ansichten in dem vorliegenden zweiten Actenstücke, gegen das Ende, mit triftigen Gründen unumwunden ausgesprochen.

Fürst Metternich, und Jeder, der mit der Geschichte der neuern Zeit vertraut ist, gibt gerne zu, daß die französische Revolution bei ihrer historischen Entwicklung auch einige Lichtpunkte darbot, nur muß hervorgehoben werden, daß das, was die Franzosen als segensreiche Neuerungen betrachten, und glauben und vermeinen *sie* hätten dieselben zum Wohle der Menschheit, im Sinne des Fortschritts, zu Stande gebracht, *längst* bei den

3 Ein Auszug aus den brillanten Reden von Ed. Burke, wo besonders der Mangel an ritterlichem Gefühl bei den Franzosen hervorgehoben wird, befindet sich in dem Cours de littérature anglaise von Eichhoff, der in den französischen Studienanstalten eingeführt ist. Es kann also jeder Franzose die genannte Stelle leicht nachlesen.

Engländern eingebürgert gewesen ist, und von dort durch die Männer der Revolution nach Frankreich zeitig *importirt* worden sind.

Wie Metternich dies in seiner Denkschrift klar und bündig auseinander setzt, war unter solchen Umständen, bei solchen Verhältnissen, wie sie die französische Revolution in ihrem Verlaufe darbot, die Stellung Napoleon's zu letzterer eine überaus *günstige* und muß darum, indem der Zeit Rechnung getragen wird, sein Ruhm auf die gewöhnliche *Norm* reducirt werden.

Jedenfalls war Napoleon nicht eine Riesengestalt wie Karl der Große, der am Abschluß einer großen Epoche und am Eingang einer neuen stand und so die auf- und untergehende Sonne, man könnte sagen zweier Welten erschaute.

Was in den nachfolgenden Blättern besonders anspricht, das ist der ruhig gehaltene Ton, die Sprache der Ueberzeugung, auf Thatsachen gestützt, welche dem Verfasser eigenthümlich ist. Es ist das zweite Document ein wahres Kaleidoskop, das jeden unbefangenen Leser geistig anregen und ansprechen wird. Es ist in fließendem Französisch geschrieben worden und zwar im Anfang der zwanziger Jahre, wo Fürst Metternich Staatskanzler war. Es befinden sich die beiden Schriftstücke als Anhang zu Freiherrn J. A. von Helfert's schönem Werke: „Marie Louise“[4], das im vorigen Jahre bei W. Braumüller in Wien erschien und in allen Kreisen so viel Aufsehen erregte.

Vergleicht man die objective Anschauungsweise des Fürsten Metternich mit der leidenschaftlichen, unrichtigen, gehässigen Sprache von Walter Scott, der auch ein Leben Napoleon's verfaßte, so kann man nicht umhin, dem österreichischen Staatskanzler Dank zu wissen für seine höchst interessanten Mittheilungen über den großen Gefangenen von St. Helena.

Es ist mir bei der Lecture, und noch mehr bei der Uebersetzung aufgefallen, wie vorsichtig der deutsche Verfasser in der Darstellung der Thatsachen gewesen ist, wie unparteiisch, wie unbefangen sein Urtheil dem Leser überall entgegentritt. Um nur von einem Gegenstand zu sprechen,

4 *Maria Louise*, Erzherzogin von Oesterreich, Kaiserin der Franzosen. Mit Benützung von Briefen an ihre Aeltern und von Schriftstücken des k. k. Haus-, Hof- und Staats-Archives von J. Alex. Freiherrn von *Helfert*. Mit zwei Bildnissen und zwei Facsimile. Gr. 8. 1873. XVIII. 461. S.

wie objectiv ist nicht die Frage über Napoleon's religiöse Anschauungen gehalten, und doch liest man zwischen den Zeilen, daß die Religion dem neuen Frankenkaiser nur ein Mittel zum Zweck war!

Mir fällt bei dieser Gelegenheit die Unterredung ein, welche Napoleon mit dem alten Papste Pius hatte und die sich umständlich in Alfred de Bignh's Werken dargestellt findet. Als der Tempel der Göttin der Vernunft in Frankreich geschlossen worden war, dachte Napoleon ernstlich an die Einführung einer *Staatsreligion*. Er schwankte lange zwischen Protestantismus und Katholizismus. Später entschied er sich für letzteren, da ihm daraus, wie Metternich es anführt, größere Vortheile zu erwachsen schienen. Er wollte, wie man es weiter unten lesen wird, Paris zum *Centralpunkte* des Katholizismus erheben. Er wollte deßhalb den Papst dafür gewinnen und wandte alle seine Beredtsamkeit aber vergebens an. Der alte Pius, nachdem er geduldig die lange Tirade angehört hatte, antwortete auf alle die schönen Redensarten und pompösen Versprechungen Bonaparte's mit einem lakonischen: *Commediante*

(Komödiant). Napoleon verlor darüber alle Fassung und drohte dem Papste, den Katholizismus zu *vernichten*, worauf Pius ebenso ruhig und lakonisch wie vorher ihm mit einem *Tragediante* (Tragödienspieler) antwortete. Papst und Kaiser kamen natürlich zu keiner Verständigung[5].

Die religiöse Verkommenheit der Franzosen vor und während der französischen Revolution ist eine Thatsache, welche Metternich in seinem Document nur annähernd berührt, *da* nämlich, wo er von der allgemeinen Auflösung socialer und religiöser Verhältnisse, welche der raschen Erhebung Napoleon's *vorherging*, spricht. Die Geistlichkeit in Frankreich war mit ihren vier Milliarden Einkünften, um die Mitte und gegen das Ende des vorigen Jahrhunderts so verschlechtert, so entsittlicht, so verkommen, so sinnlich geworden, daß sie sich aller evangelischen Tugenden entschlagen

5 In dem *Cours de littérature française* von Mager findet sich die authentische Unterredung zwischen Napoleon und den Ulemas in Kairo, von französischen Augenzeugen constatirt, abgedruckt. Napoleon zeigt sich hier als ein enthusiastischer Verehrer Mohamed's, man möchte sagen als ein *rechtgläubiger Moslim*. Der alte Papst schien davon unterrichtet gewesen zu sein, als er Napoleon einen *Komödianten* nannte, ein Ausdruck, den Metternich in seinem Document vermied, obgleich er zur Anwendung desselben mehr als ein Mal berechtigt gewesen wäre.

hatte. Es war so weit gekommen, wie Edouard Braconnier historisch nachweist, daß der Name Christus auf der Kanzel verpönt war, und wenn man des Erlösers je gedachte, so nannte man ihn den *„législateur des chrétiens,"* den Gesetzgeber der Christen. Es war zur Mode geworden, keine Religion zu haben, und Jeder hatte eine Moral *á sa façon.* Solche Gegner hatte *Napoleon* freilich nicht zu fürchten, und das *leitende Princip*, das ihn führte, und welches uns der Verfasser des Documentes kennen lernt, erleichtern ihm das Erreichen des Zieles, welches er sich vorgesteckt hatte.

Ich übergebe somit vertrauensvoll diese deutsche Uebersetzung der gebildeten Lesewelt, und wünsche, der Leser möchte bei der Lectüre dieselbe Befriedigung finden, welche ich bei der Uebersetzung der beiden so höchst interessanten Documente empfunden habe.

Meiningen, den 18. September 1874.

Dr. med. Hegewald.

I.
Unterredung mit Napoleon zu Dresden am 23. Juni 1813.

Napoleon wünschte mich zu sehen; ich verließ deßhalb Gitschin am 22. Juni und kam am andern Tag in Dresden an, wo ich bei Herrn von Bubna abstieg. Kaum angekommen ward mir die Einladung, mich zu Napoleon in den Garten Marcolini, wo das Hauptquartier war, zu begeben. Es standen hier 20.000 Mann, in die Friedrichstadt (Vorstadt) und die Umgebung hingedrängt.

Das Erscheinen des österreichischen Premierministers in Dresden erregte bei den Marschällen und der ganzen französischen Armee eine außerordentliche Sensation. Es dürfte mir schwer werden, den Ausdruck einer gewissen peinlichen Besorgniß wiederzugeben, den ich auf den Gesichtern las, namentlich jener *goldbetreßten*, dienstthuenden Herren des Kaisers, welchen ich in den Sälen begegnete.

Sobald Napoleon informirt war, daß ich mich im Garten Marcolini befand, ließ er mich in sein

Cabinet rufen. Der Prinz von Neufchâtel (Berthier) sagte mir, als er mich durch die kaiserlichen Wartsäle begleitete, mit leiser Stimme: „Erinnern Sie sich, daß Europa den Frieden braucht, und vor allem Frankreich, das in dringend verlangt“. Ich sah mich nicht veranlaßt, ihm zu antworten.

Napoleon erwartete mich stehend in der Mitte seines Cabinets, den Degen zur Seite, den Hut unterm Arm. Dann ging er auf mich zu in gemessener Haltung und fragte nach der Gesundheit des Kaisers von Oestreich. Allmählich verfinsterten sich seine Züge, und indem er sich vor mich hinstellte, begann er seine Interlocution folgendermaßen: „Sie wollen also den Krieg? Gut, Sie sollen ihn haben. Ich vernichtete die Preußen zu Lützen, ich schlug die Russen zu Bautzen; auch Sie wollen an die Reihe kommen; es sei, in Wien geben wir uns Rendezvous. Die Menschen sind unverbesserlich; sie lernen einmal nicht durch die Erfahrung. Dreimal habe ich den Kaiser Franz wieder auf den Thron gesetzt; ich versprach ihm, mein ganzes Leben in Frieden mit ihm zu leben; ich heirathete seine Tochter. Damals sagte ich mir, du machst einen dummen

Streich; aber der dumme Streich ist gemacht, ich bereue es".

Diese Ansprache trug nur dazu bei, das Gefühl meiner Macht um das Doppelte zu erhöhen. Ich betrachtete mich in dem Augenblick der Entscheidung als den Vertreter aller socialen Interessen. Soll ich es sagen, Napoleon erschien mir gar zu klein.

„Krieg und Frieden, erwiederte ich, liegen in der Hand Ew. Majestät. Der Kaiser hat Pflichten zu erfüllen, vor denen alle weiteren Rücksichten in den Hintergrund treten. Das Schicksal von Europa, seine Zukunft, Ihre Zukunft, Alles das liegt in Ihrer Hand. Europa kann sich nicht mit den Plänen verständigen, welche Sie bis jetzt verfolgt haben. Die Welt braucht den Frieden. Um diesen Frieden zu sichern, müssen Sie sich in den Grenzen einer Machtstellung gefallen, welche sich mit einer allgemeinen Ruhe vereinbaren läßt, wo nicht, so unterliegen Sie. Heute können Sie noch Frieden schließen, morgen dürfte es zu spät sein. Der Kaiser, mein erhabener Herr, läßt sich in seinem Handeln nur durch die Stimme des Gewissens leiten; an Ihnen, Majestät, ist es nun, auch die Ihrige zu hören."

„Aber was will man denn von mir?“ unterbrach mich Napoleon mit gehobener Stimme. „Daß ich mich entehre? Nimmermehr. Ich werde dem Tod in’s Auge schauen, aber auch nicht eine Scholle Erde abtreten. Ihre ebenbürtigen Herrscher können, zwanzigmal geschlagen, immer wieder in ihre Residenzen zurückkehren, das kann ich nicht. Ich bin der Sohn des Glücks; von dem Tage an, wo ich aufhörte, mächtig zu sein, und folglich nicht mehr Achtung gebieten könnte, würde meine Herrschaft ihr Ende erreicht haben. Ich habe einen entsetzlichen Fehler begangen, außer Acht gelassen zu haben, was mich eine ganze Armee kostete, die herrlichste, welche je existirte. Ich kann mich mit Menschen schlagen, aber nicht mit den Elementen. Die Kälte hat mich vernichtet; in einer Nacht tödtete sie mir 30.000 Pferde[6]. Alles habe ich verloren, nur nicht die Ehre und nicht das Bewußtsein, was ich einem tapfern Volke schulde, welches nach so ungeheueren Niederlagen mir neue Beweise seiner Gesinnungstreue gegeben hat, woraus hervor-

6 *Note des Uebersetzers.* Es ist Thatsache, daß Napoleon nach jeder Schlacht sich gleich nach dem Verlust an Pferden ängstlich erkundigte. Die Mannschaft konnte er leicht, die Pferde dagegen nur schwer ersetzen.

geht, daß ich nur allein es zu regieren verstehe. Ich habe die Verluste des vergangenen Jahres ausgeglichen; sehen Sie einmal die Armee an, nach den Schlachten, die ich eben gewonnen habe; Sie sollen sie die Revue passiren sehen!"

Ich erwiederte: „Und gerade die Armee verlangt den Frieden."

„Nicht die Armee", unterbrach mich lebhaft Napoleon; „nein, die Generäle wollen den Frieden. Die Kälte von Moskau hat sie alle demoralisirt. Ich sah, wie diese Tapfern gleich Kindern weinten. Sie waren physisch und moralisch herabgekommen. Vor 14 Tagen konnte ich noch Frieden schließen, heute kann ich es nicht mehr. Ich habe zwei Schlachten gewonnen; ich kann nicht Frieden schließen."

Ich antwortete:

„Nach alledem, was ich von Ew. Majestät höre, finde ich einen neuen Beweis zur Bewahrheitung des Satzes, daß Europa und Ew. Majestät zu keiner Verständigung kommen können. Ihre Friedensverträge waren und sind nichts weiter als Waffenstillstände, mit oder ohne Erfolg der Waffen, immer drängen Sie zum Krieg. So steht es mit Ihnen und mit Europa; sie werfen sich gegenseitig den Handschuh hin; sie nehmen ihn beide auf, doch wird Europa nicht unterliegen."

„Wollen Sie mich etwa durch eine Coalition zu Grunde richten?" nahm Napoleon wieder das Wort. „Wie viel seid Ihr denn, Ihr Alliirten? Eurer vier, fünf, sechs, zwanzig? Je mehr Ihr seid, je besser für mich. Ich nehme die Herausforderung an. Aber ich kann Sie versichern", fuhr er mit einem erzwungenen Lächeln fort, „ich gebe Ihnen in Wien, im nächsten October, Rendezvous, und dann werden wir einmal sehen, was aus Ihren guten Freunden, den Russen und Preußen geworden ist? Sie rechnen auf Deutschland? Sehen Sie einmal, was Deutschland 1809 gethan hat! Um die Deutschen im Zaum zu halten, habe ich meine Soldaten; die Furcht vor Euch garantirt mir die Treue der deutschen Fürsten. Erklären Sie sich neutral; bewahren Sie diese Neutralität, ich nehme die Friedensunterhandlungen zu Prag an. Wollen Sie eine bewaffnete Neutralität? Es sei. Legen Sie 300.000 Mann nach Böhmen; das Wort des Kaisers genügt mir, daß er vor Abschluß der Friedensunterhandlungen keinen Krieg mit mir anfangen wird."

„Der Kaiser", erwiederte ich, „hat den Mächten nicht seine Neutralität, sondern seine Vermittlung angetragen. Rußland und Preußen haben diese Vermittlung angenommen. Bei Ihnen steht es nun, sich heute zu erklären, und Sie nehmen dann an, was ich Ihnen sagte; wir werden eine Frist für die Dauer der Unterhandlungen ansetzen. Verweigern Sie, so behält sich der Kaiser, mein erhabener Herr, die freie Wahl vor in seinem Thun und Lassen nach höchsteigenem Gutdünken und Ermessen. Die Geschäfte drängen, die Armee hat große Bedürfnisse; in Kurzem stehen 250.000 Mann in Böhmen; sie können einige Wochen, nicht aber einige Monate dort in Quartier stehen."

Hier unterbrach mich wieder Napoleon, um sich in einer Tirade über die mögliche Starke unserer Armee zu ergehen. Nach seinen Berechnungen könnten wir höchstens 65.000 Mann schlagfertig nach Böhmen einrücken lassen. Er gründete diese Berechnungen auf den Normalbestand der Bevölkerung in der Monarchie, auf die Abschätzung der Verluste an Mannschaft in den letzten Kriegen und auf das Conscriptionsreglement. Ich gab ihm mein Erstaunen zu erkennen über die Unrichtigkeit der von ihm eingezogenen Erkundigungen und betonte dabei, wie leicht es wäre, bessere und genauere Anhaltspunkte dafür zu finden. „Ich mache mich anheischig“, bemerkte ich, „die genaue Zahl der französischen Bataillone anzugeben, und so wie ich die Stärke der französischen Armee kenne, sollten Majestät die der östreichischen ignoriren?“

Napoleon sagte darauf, daß er genau, bestimmt informirt wäre über den Effectivbestand der Armee in Böhmen, und fügte hinzu: „Herr von Narbonne hat eine Masse von Spionen zu seiner Verfügung, er hat mich bis in's Kleinste informirt, seine Erkundigungen erstrecken sich bis auf die Trommelschläger Ihrer Armee, mein Hauptquartier ist ebenso gut unterrichtet, aber ich weiß besser als irgend Jemand, was von all' diesen Informationen zu halten ist. Meine Berechnungen beruhen auf mathematischen Grundsätzen und diese täuschen nicht. Am Ende kann Niemand über mehr verfügen als er hat“[7].

---

7 Es verdient hervorgehoben zu werden, und mehr als ein Beweis liegt vor, welchen Illusionen sich Napoleon seit dem vorjährigen Feldzug hingab, über den Effectivbestand der Truppen, die ihm im Felde gegenüberstanden.

Napoleon führte mich in sein Arbeitszimmer und zeigte mir den Effectivbestand unserer Armee, nach Berichten, die ihm täglich zukamen. Er prüfte dieselben umständlich, ich möchte sagen er überging nicht einmal ein Regiment. Unsere Unterhaltung drehte sich über eine Stunde um diesen Gegenstand. Nachdem wir in das Empfangszimmer zurückgekehrt waren, berührte Napoleon auch nicht im geringsten die politische Zeitfrage und ich hätte vermuthen können, es geschähe dieß in der Absicht, meine Aufmerksamkeit vom Gegenstand meiner Mission abzuwenden, wenn ich nicht schon durch meine frühere Erfahrung belehrt worden wäre, daß diese Art Zerstreuung ihm eigenthümlich war. Er sprach nun von seinen Gesammtoperationen in Rußland und gefiel sich in lange und genaue Einzelheiten über den Zeitpunkt seiner letzten Rückkehr nach Frankreich einzugehen. Aus Allem wurde mir klar, daß er beständig darauf hinzielte, bestimmt hervorzuheben, daß seine große Niederlage von 1812 nicht der Macht des Feindes, sondern dem entsetzlichen Winter zuzuschreiben sei und mir zugleich die Ueberzeugung beizubringen, daß seine moralische

Kraft ungebrochen, sein Einfluß in Frankreich in Folge jenes Ereignisses nur um so prädominanter geworden sei. Es war eine harte Probe, sagte er zu mir, aber ich habe sie vollkommen bestanden.

Nachdem ich ihn über eine halbe Stunde angehört hatte, unterbrach ich ihn mit der Bemerkung, daß ich, nach dem was er mir eben mitgetheilt hätte, schließlich nur geboten fände, so vielen gewagten Unternehmungen endlich ein Ziel zu setzen. „Das Glück," betonte ich, „kann Sie ein zweites Mal, wie 1812, im Stich lassen. Nach dem gewöhnlichen Verlauf der Dinge bilden die Armeen sich nur aus einem kleinen Theil der Bevölkerung; durch Sie wird das ganze Volk unter die Waffen gerufen. Ist Ihre jetzige Armee nicht eine allzu jugendliche? Sehen Sie sich einmal Ihre Soldaten an, es sind wahre Kinder. Sie tragen die Ueberzeugung in sich, daß Sie der Nation absolut nothwendig sind, gut, aber auch Sie brauchen die Nation. Wenn diese jugendliche Armee, die Sie unter die Waffen gerufen haben, dahingerafft ist, was dann?"

Als Napoleon diese Worte hörte, entflammte sein Zorn im höchsten Grade. Er ward bleich und seine Züge nahmen einen anderen Ausdruck an. „Sie sind nicht Soldat", fuhr er mich in höchst gereiztem Tone an, „Sie wissen nicht, was in der Seele eines Soldaten vorgeht. Ich bin im Felde groß gezogen worden, und ein Mann wie ich den kümmert es wenig (ich wage es nicht, mich des energischen französischen Ausdrucks zu bedienen, dessen sich Napoleon hier bediente), ob eine Million Mann zu Grunde geht." Er warf hierauf seinen Hut, den er bisher in der Hand gehalten hatte, in die Ecke des Zimmers. Ich blieb ganz ruhig und stützte mich auf die Ecke eines Consols, das zwischen den zwei Fenstern stand, darauf sagte ich tief bewegt, nach dem was ich eben gehört hatte:

„Warum haben Sie mich gewählt, mir das, was Sie eben sagten, unter vier Augen zu sagen. Wir wollen die Thüre öffnen, Ihre Worte werden dann von einem Ende Europa's an das andere gehört werden. Nur bemerke ich, was ich jetzt vor Ihnen vertrete, wird Ihnen nicht zum Untergang gereichen."

Napoleon sammelte sich und mit gedämpftem Tone sagte er mir folgende Worte, welche nicht weniger merkwürdig waren als jene, die ich so eben gehört hatte: *„Die Franzosen können sich nicht über mich beklagen; um sie zu schonen, habe ich die Deutschen und die Polen geopfert. Ich habe im russischen Feldzug 300.000 Mann verloren; es waren nur 30.000 Franzosen darunter". „Majestät", rief ich aus, „Sie vergessen, daß Sie mit einem Deutschen reden!"*[8]

Napoleon und ich wir gingen hierauf auf und ab; beim zweiten Gang hob er den Hut auf, der in seinem Weg lag. Er kam nun auf seine Heirath zu sprechen. „So habe ich denn", hub er an, „einen großen, dummen Streich gemacht, eine Erzherzogin von Oestreich zu heirathen." „Da Majestät geruhen, meine Meinung darüber zu hören", erwiederte ich, „so will ich offen und frei bekennen, Napoleon als Eroberer hat einen Fehler begangen." „So will Kaiser Franz seine Tochter entthronen?"

8 *Note des Uebersetzers:* Der erste Napoleon verlangte von den Franzosen nur Leute und wenig Contributionen, die mußten die unterjochten Völker bezahlen; der dritte Napoleon verlangte *beides*, dem Grundsatze folgend, *la France est assez riche pour payer sa gloire.* Die Franzosen aber, welche den *Werth des Geldes* zu schätzen wissen, vergeben darum dem Ersteren schon *aus diesem Grunde* seine Fehler und Irrthümer, während sie dem Letzteren gegenüber nicht gleiche Nachsicht ausübten.

„Der Kaiser“, war meine Antwort, „kennt nur seine Pflicht und die wird er erfüllen. Welches auch das Loos seiner Tochter sein mag, Kaiser Franz wird vor allen Dingen sich erinnern, daß er Herrscher ist und daß das Interesse seiner Völker ihm über alles Andre steht.“ „Ja wohl“, unterbrach mich hier Napoleon, „was Sie mir da sagen, befremdet mich nicht; Alles bestätigt meine Ansicht, daß ich da einen unverzeihlichen Fehler begangen habe. Durch meine Heirath mit einer Erzherzogin wollte ich das Alte und das Neue miteinander verbinden, ich wollte die altfränkischen Vorurtheile mit dem Zeitgeist unserer Institutionen in Harmonie bringen; ich sehe, ich habe mich getäuscht und ich erkenne nun erst die Größe meines Irrthums. Das mag mir wohl den Thron kosten, aber ich werde die Welt in ihren Ruinen begraben.“

Die Unterhaltung hatte sich bis halb 9 Uhr verlängert. Es war inzwischen Nacht geworden. Niemand hatte sich anmelden lassen. Auch nicht eine Secunde hatte diese lebhafte Unterredung geruht, worin etwa sechs Minuten lang meine Worte ganz das Gewicht einer formellen Kriegserklärung haben mochten. Es liegt nicht in meiner Absicht, hier die ganze, lange Unterhaltung mit Napoleon wiederzugeben, ich hebe nur die hervorragenden Anhaltspunkte hervor, welche sich auf den Gegenstand meiner Mission beziehen können. Zwanzigmal hatten wir uns davon entfernt [9]; Alle, welche Napoleon näher standen und mit ihm Geschäfte abzuschließen hatten, werden sich nicht darüber wundern.

Als mich Napoleon entließ, war der Ton seiner Rede ruhig und mild. Er begleitete mich bis an die Thüre des Empfangszimmers. Ich konnte die Züge seines Gesichts nicht mehr genau unterscheiden. Indem er die Hand auf die Klinke des Thürflügels legte, sagte er mir: „Wir werden uns wiedersehen." „Zu Befehl, Majestät", war meine Antwort, „aber ich habe keine Hoffnung, meine Mission mit Erfolg gekrönt zu sehen." „Nun wohl", nahm Napoleon das Wort, indem er mir auf die Schulter klopfte, „wissen Sie, was geschehen wird. Sie werden nicht Krieg mit mir führen!"

9 Die Darstellung des Feldzuges von 1812 absorbirte allein schon einige Stunden unserer Unterhaltung. Viele andere Punkte, die mit der Mission, welche ich hatte, gar nicht vereinbar waren, wurden von ihm in das Bereich der Unterhaltung gezogen.

„Sire!“, rief ich lebhaft aus, „Sie gehen Ihrem Untergang entgegen; als ich kam, ahnte ich es, jetzt, wo ich gehe, trage ich diese Ueberzeugung in mir.“

Ich fand in den Sälen dieselben Generäle, welche dort waren, als ich mich Napoleon vorstellte. Sie drängten sich um mich, um in meiner Physiognomie den Eindruck zu lesen, welche eine fast neunstündige Unterhaltung auf mich hervorgebracht hätte. Doch ich hielt mich nicht auf und glaube, ihre Neugierde unbefriedigt gelassen zu haben. Berthier begleitete mich bis zu meinem Wagen. Er ergriff gerade den Augenblick, wo wir uns von den Uebrigen entfernt hatten, mich zu fragen: „Sind Sie zufrieden mit dem Kaiser?“ „Ja“, war meine Antwort, „er hat mir den erwünschten Aufschluß gegeben, er geht, nach meinen Ansichten, seinem Untergang entgegen.“

II.
Denkschrift Metternichs über den Charakter und die Eigenheiten Napoleons.

Napoleon Bonaparte.

Geschrieben im Jahre 1820.

Unter denen, welche in einer unabhängigen Lage diesem außerordentlichen Manne näher standen, gibt es Wenige, welche so oft mit ihm in Berührung kamen und mit ihm direct zu unterhandeln hatten, als ich.

Meine Ansicht über Napoleon hat sich nicht geändert in den verschiedenen Phasen dieser Unterhandlungen. Ich habe ihn gesehen und erforscht, als er, ruhmgekrönt, in vollem Glanze dastand, und ich sah ihn und folgte ihm als er allmählich seinem Untergang entgegen ging. Obgleich es ihm daran lag, mich über seine Absichten in die Irre zu führen, was ihm oft und gern erwünscht gewesen wäre, so gelang es ihm nicht im geringsten.

So darf ich mich wohl rühmen die Grundzüge seines Charakters richtig aufgefaßt und ihn unparteiisch beurtheilt zu haben, in einer Zeit wo die größte Mehrzahl seiner Zeitgenossen gleichsam nur von fern durch ein Prisma, die Licht- und Schattenseiten dieses Mannes erkannte, der durch die Alles bewältigenden Ereignisse gehoben, mit ausgezeichneten individuellen Vorzügen begabt, auf eine Höhe der Macht gestiegen war, wie kein anderer in der Geschichte der neuen Zeit.

Mit seltener Ausdauer bemüht, was in seinem Interesse zu verwerthen, was die denkwürdigen Ereignisse eines halben Jahrhunderts gleichsam für ihn vorbereitet hatten; beseelt vom Geiste der Herrschsucht; ebenso thätig als hellsehend; geschickt, alle Zeitumstände als Mittel seines Ehrgeizes auszubeuten, und vermöge seines seltenen Scharfsinns wohl verstehend die Fehler und Schwächen Anderer zu seinem Vortheil auszunützen, finden wir endlich Bonaparte, Herr des Feldes, um dessen Besitz die blinden Leidenschaften, die wilden Elemente einer verkommenen Gesellschaft, die menschlichen Thorheiten zehn Jahre lang gerungen hatten. Bonaparte verstand es sich die Revolution endlich dienstbar zu machen; er kannte ihren Schwerpunkt; auf ihn mußte fortan der stille Beobachter seine Blicke richten, und meine Ernennung zur österreichischen Botschaft in Paris bot mir in dieser Beziehung gewisse Vortheile, welche ich nicht aus dem Auge verlor.

Unser Urtheil über einen Menschen ist meist durch den ersten Eindruck bestimmt.

Ich hatte Napoleon vor der Audienz, die er geruhte mir in St. Cloud zu geben, nicht gesehen. Ich überreichte ihm damals mein Beglaubigungsschreiben. Ich fand ihn stehen inmitten einer der Säle, umgeben vom Minister der auswärtigen Angelegenheit und sechs Beamten seines Hofs. Er trug die Uniform der Infanterie von der Garde, und war bedeckt. Den Hut auf dem Kopf zu haben schien mir unter allen Beziehungen unschicklich, weil die Audienz keine öffentliche war. Es schien mir das eine unstatthafte Prätension und ich durchschaute den Emporkömmling. Einen Augenblick kam mir der Gedanke mich selbst zu bedecken. Ich hielt eine ganz kurze Ansprache, welche sich durch Bündigkeit und Präcision wesentlich von den Anreden unterschied, welche damals am neuen französischen Hof an der Tagesordnung waren. Seine Haltung war eckig, ich möchte fast sagen, beengt. Sein breites, zusammengedrücktes Gesicht, seine Haltung ohne Würde, sein gesuchtes Streben zu imponiren, ließen mich nicht den großen Mann erkennen für den man ihn damals hielt, und der die Welt in Schranken hielt. Nie ist dieser erste Eindruck aus meiner Erinnerung entschwunden, und immer war er mir gegenwärtig in den wichtigsten Augenblicken, wo ich mit Napoleon zusammentraf, in den verschiedenen Lagen seiner Laufbahn. Möglich, daß er sich mir selbst unter der Maske verrieht, die er sonst so geschickt zu handhaben wußte. Ich wenigstens sah in seinen Sonderbarkeiten, seinen Zornausbrüchen, seinen barschen Interpellationen nichts weiter als ein vorbereitetes *Komödienspiel* um Effect auf die Umstehenden oder den Betreffenden hervorzubringen.

In meinen Beziehungen zu Napoleon, die gleich von Anfang an häufig waren, und denen ich einen vertraulichen Charakter zu geben wußte, war es gleich von vornherein der eminente Scharfsinn, sodann der einfache natürliche Ideengang, welcher mich in ihm außerordentlich ansprach. Er faßte die Gegenstände immer vom richtigen Standpunkte auf, er verstand es sie in ihrer Einfachheit darzustellen, und entwickelte in einer logischen Gedankenfolge seinen Ideengang, bis die Sache klar und faßlich vor Augen lag; dann fand er immer den entsprechenden Ausdruck für die betreffende Sache, und wo die Sprache keinen solchen hatte, schuf er ihn. Seine Unterhaltungen waren immer höchst interessant. Es war nicht Conversationston, es war Rednergabe, welches seinen Gesprächen Ausdruck verlieh. Der Reichthum seiner Ideen und sein fließender Vortrag gaben ihm das Wort in seine Gewalt. Er gefiel sich vor allem gerne in folgendem Satze: „Ich verstehe was Sie wollen; Sie wollen *Das und Das*; gut, fangen wir gleich damit an".

Bei alledem hörte er auf alle Einwendungen und Bemerkungen, wenn man ihm solche machte; er nahm sie an, er discutirte sie, er widerlegte sie, und nie verletzte er, durch Ton oder Haltung, den richtigen Tact einer geschäftlichen Discussion. Deßhalb kam ich auch nie in Verlegenheit ihm offen meine Meinung zu sagen, wenn ich auch zum

Voraus wüßte, daß sie ihm nichts weniger als angenehm war.

Fern von Schwerfälligkeit und Ungewißheit erschien ihm Alles, wie in seinen Auffassungen, klar und präcis. Gewohnheitsregeln konnten ihn von seinen Plänen nicht abbringen. Im praktischen Leben ging er, gerade wie in der Discussion unbekümmert und rücksichtslos, in Betreff der Nebenumstände, auf das vorgesteckte Ziel los, oft selbst verkannte er die Wichtigkeit letzterer. Der kürzeste Weg zum Ziel zu gelangen schien ihm der beste, und so lange es nur immer ging, blieb er dabei; wenn aber neue Combinationen es verlangten, die ihm einen noch besseren Weg andeuteten, wenn sich ihm ein neuer Gesichtspunkt darbot, dann war er nie der Sklave eines vorgefaßten Plans, er gab denselben auf, oder modificirte ihn nach den gegebenen Umständen.

Napoleon war kein Mann der Wissenschaft. Seine Verehrer suchten die Meinung zu verbreiten als sei er ein tüchtiger, ein gelehrter Mathematiker gewesen. Seine mathematischen Kenntnisse erhoben ihn nicht über das, was jeder geschulte Artillerie-Offizier wissen muß; aber seine natürlichen Anlagen ersetzten ihm oft den Mangel an Wissen. Durch sein Genie ist er Gesetzgeber, Administrator und Feldherr geworden. Seine Geistesrichtung führte ihn immer zum Positiven. Verworrene Ideen waren ihm zuwider, nicht minder die Träumereien der Phantastiker und die Speculationen der Ideologen. Was nicht klar und bündig ihm erschien, und ihm kein Resultat versprach, galt ihm als Wortkram. Nur jene Wissenschaften standen in Ansehen bei ihm, welche in die Sinne fallen, die verificirt werden können, die auf der Grundlage der Beobachtung und der Erfahrung ruhen, die man *positive* nennt. Die falsche Philosophie und die falsche Philanthropie des XVIII. Jahrhunderts waren ihm höchst zuwider, und Voltaire, der Vertreter jener Ansichten, einer der Koryphäen jener Zeit, war ihm verhaßt und er ging so weit, wo immer sich eine Gelegenheit bot, der öffentlichen Meinung gegenüber, das Verdienst dieses Mannes als Literat zu bestreiten, dieselbe nicht zu versäumen.

Napoleon war kein irreligiöser Mensch im gewöhnlichen Sinne des Worts. Er nahm an, daß es im Grunde genommen keine wirklichen Atheisten geben könne; und was den Deismus betrifft, so betrachtete er denselben als das Ergebniß einer allzukühnen Speculation. Er war Christ und Katholik, und nur der positiven Religion erkannte er das Recht zu die Menschen zu regieren. Im Christenthum sah er die Grundlage aller Civilisation und den Katholizismus betrachtete er als *den* Cultus, welcher am ehesten die Ordnung und Ruhe in der moralischen Welt aufrecht erhalten dürfte; der Protestantismus schien ihm eine Quelle streitbarer Elemente. Er selbst, für seine Person befolgte nicht die Vorschriften seines Cultus, doch durfte man sich nicht in seiner Gegenwart erlauben über die Ausübung irgend eines Cultus zu spotten. Möglich, daß die Religion weniger für ihn eine Gefühlssache als vielmehr ein Act reiner *Politik* war, wie dem nun sein mag, er hat nie darüber seine Ansichten geoffenbart.

Seine Ansichten über die Menschen gingen von der Idee aus, die unglückseligerweise für ihn zum Axiom geworden ist, daß kein Mensch, in welcher Sphäre er sich auch bewege, welchen Lebensplan er auch verfolge, anders als durch das Interesse geleitet werde. Er läugnete nicht die

Macht der Tugend, das Gefühl der Ehre, doch nahm er an, daß die, welche sich einzig und allein durch sie leiten ließen, Schwärmer seien, welchen die Fähigkeit abging mit Erfolg an den Angelegenheiten der menschlichen Gesellschaft sich zu betheiligen.

Ich habe oft Gelegenheit gehabt, mit ihm diesen Gegenstand zu discutiren; da ich seine Meinung nicht theilte, so versuchte ich, ihn von seinem Irrthum abzubringen oder seine Ansicht zu modificiren; vergebens, er gab nie nach[10].

---

10 Die wenig ehrenvollen Beweggründe, welche Napoleon allen menschlichen Handlungen unterlegt, erinnern mich an das Urtheil, welches Montaigne über den berühmten italienischen Geschichtschreiber Guicciardini abgibt. Folgende Stelle könnte man wörtlich auf Napoleon anwenden: „Ich habe bei ihm gefunden, daß alle Handlungen und Thatsachen, über die er aburtheilt, alle Triebfedern und Rathschläge nie als aus religiösem Gefühle entsproßen, als Beweggründe von Tugend und Gewissen, dargestellt werden; für ihn existirt diese Trias gar nicht auf der Welt; er sieht nur das Aeußerliche, nicht das Innere und schreibt Alles nur dem Laster oder dem Interesse zu. Es ist unmöglich, nicht anzunehmen, daß bei dieser zahllosen Reihe von Thatsachen, über die er aburtheilt, nicht wenigstens einige gewesen sein sollen, welche man als durch reine Vernunftgründe motivirt, darstellen könnte. Die Verschlechterung unter den Menschen kann nicht so um sich gegriffen haben, daß Alle, Alle von ihr angesteckt worden wären. Das läßt mich vermuthen, daß der Verfasser dem Laster huldigte, ihm ergeben war und die Andern nach sich beurtheilte". *Essais, l.II, chap. 10.* Ich meine, irgendwo gelesen zu haben, daß Napoleon den Guicciardini hoch in Ehren hielt. So viel ist gewiß, er verehrte aufrichtig den Macchiavelli. Zwischen

Napoleon besaß einen eigenthümlichen Tact, die Menschen zu erkennen, welche ihm nützlich werden konnten. Er faßte schnell bei ihnen die Seite auf, aus der er Vortheil ziehen konnte. Da er stets voraussetzte; daß deren Treue zu ihm einem Interesse zu Grunde liege, so unterließ er nicht, ihr Geschick mit dem seinigen eng zu verbinden, *der Art*, daß es ihnen unmöglich würde, fortan ihr Loos von dem seinen zu trennen.

Vor Allem hatte er den Nationalcharakter der Franzosen richtig aufgefaßt; die Geschichte seines Lebens zeigt es augenscheinlich. In den Parisern sah er Kinder und Paris verglich er mit der großen Oper. Als ihm Jemand eines Tages die handgreiflichen Uebertreibungen nachwies, von denen es in seinen Bulletins wimmelte, erwiederte er lächelnd: „Für Sie schreibe ich dieselben nicht, aber die

---

Guicciardini und Macchiavelli, beide die Vertreter ihrer Zeit, existirt nun folgende thatsächliche Differenz: Der Eine machte es sich zur Aufgabe, die allgemeine Sittenlosigkeit seiner Zeitgenossen in den grellsten Farben der Wahrheit wieder zu geben, ohne dieselbe zu rechtfertigen; der Andere machte es sich zur Aufgabe, dieselbe zu beschönigen, ja sogar hoch zu preisen. Man hat zwar versucht, den Macchiavelli von diesem Vorwurf zu reinigen, aber was man auch immer darüber vorgebracht hat beruht auf Sophismen. Macchiavelli repräsentirt die Sittenlosigkeit seiner Zeit, mehr läßt sich nicht zu seiner Entschuldigung sagen.

Pariser glauben sie; die Pariser glauben Alles und würden nöthigenfalls noch weit mehr glauben.“

Gerne unterhielt er sich über Geschichte. Wenn ihm auch oft die richtige Kenntniß der Thatsachen fehlte, so führte ihn doch sein angeborner Scharfsinn zur Erkenntniß der Ursachen und Folgen derselben. Auf diese Weise *errieht* er wirklich mehr als er in der That wußte, und indem er Personen und Thatsachen nach seinem Standpunkte sich ausmalte, so war das Bild immerhin getroffen. Seine Gewohnheit, immer dieselben Stellen zu citiren, läßt vermuthen, daß er sein Wissen, namentlich in der alten Geschichte und in der Geschichte Frankreichs aus nur wenigen Lehrbüchern, besonders aus Grundrissen erlangt hatte. Uebrigens besaß er eine große Kenntniß von Namen und Thatsachen und er wußte zu imponiren, besonders bei Jenen, denen es noch mehr als ihm an soliden Kenntnissen fehlte.

Seine Lieblingshelden waren Alexander, Cäsar und besonders Karl der Große. Die Idee, thatsächlich und rechtmäßig der Nachfolger des Letzteren zu sein, beschäftigte ihn auf eigenthümliche Weise. Wir hatten endlose Gespräche darüber, wo er diese seltsame Paradoxe mir gegenüber mit den am wenigst stichhaltigen Gründen zu behaupten suchte. Vermuthlich weil ich Botschafter von Oestreich war, blieb er so hartnäckig bei seiner irrigen Voraussetzung stehen. Was ihn tief und beständig schmerzte, war der Umstand, daß er nicht das *Princip der Legitimität* als Grundlage seiner Macht geltend machen konnte. Niemand hat wohl tiefer gefühlt als er, wie schwankend und wie hinfällig die persönlich errungene Autorität ist und wie leicht sie Unfällen aller Art ausgesetzt werden kann. Trotzdem ließ er keine Gelegenheit vorübergehen, wo er in meiner Anwesenheit energisch protestirte gegen die Ansichten Jener, welche in ihm nichts weiter als einen Usurpator auf dem Thron sehen wollten. „Der Thron von Frankreich", erklärte er vor mir mehr als einmal, „war vacant; Ludwig hatte sich nicht darauf halten können. Wäre ich an seiner Stelle gewesen, so würde die Revolution bei alledem, daß sie sich der Geister unter den vorhergehenden Regierungen bemächtigt hatte, nicht ausgebrochen sein. Als der König gefallen war, bemächtigte sich die Republik des französischen

Reiches; ich trat an die Stelle der Republik. Der alte Thron lag unter seinen Trümmern begraben; ich mußte einen neuen gründen. Die Bourbonen sind unfähig, über diese neue Schöpfung zu herrschen. Meine Macht ist vom Glück getragen; das Kaiserreich ist mit mir, durch mich entstanden; zwischen mir und dem Kaiserreich existirt also vollkommene Homogenität!"

Mir scheint es glaublich, daß Napoleon, als er sich so ausdrückte, nur die öffentliche Meinung irre führen und sich selbst überreden wollte; die Schritte, die er 1804 Ludwig XVIII. gegenüber that, bestätigen meine Vermuthung. Als er mir eines Tages von diesen Schritten, die er gethan, sprach, sagte er: „Die Antwort von Monsieur war würdevoll, durchweht vom Geiste der alten Tradition. In den *Legitimitäten* ist Etwas, was über der *Individualität* steht. Hätte darum Monsieur sich individualiter geäußert, gewiß, wir würden zu einem Verständniß gekommen sein und ich hätte ihm ein schönes Loos bereiten können".

Der Titel von Gottes Gnaden, d. h. die Installirung der fürstlichen Gewalt in göttlichem Ursprung zu suchen, beschäftigte ihn nicht minder.

Eines Tages, es war wenige Tage nach seiner Heirath mit der Erzherzogin, sagte er mir in Compiègne: „Die Kaiserin, wie ich sehe, adressirt ihre Briefe an ihren Vater: An S. Heilige K. Majestät. Ist der Titel bei Ihnen gebräuchlich?" Ich antwortete, „dieser Titel sei eingeführt durch die Tradition des alten deutschen Kaiserstaates, welcher den Titel ‚Heiliges Römisches Reich' führte und durch die Apostolische Krone von Ungarn". Darauf entgegnete Napoleon mit ernstem Tone: „Das ist ein löblicher Gebrauch. Die Macht kommt von Gott und dadurch liegt sie außer dem Bereiche menschlicher Angriffe. Ich gedenke, in einiger Zeit diesen Titel zu adoptiren".

Auf den Adel seiner Geburt hielt Napoleon sehr viel, ebenso auf das Alter seiner Familie. Mehr als einmal ließ er es sich angelegen sein, mir zu zeigen, daß Verläumdung und Neid seinen Adel in den Schatten zu stellen suchten. „Ich befinde mich in einer ganz eigenthümlichen Lage", sprach er zu mir. „Es gibt Genealogisten, die meinen Stammbaum bis auf die Sündfluth zurückführen, Andere lassen mich in niederem Stande geboren werden. Die Wahrheit liegt in der Mitte.

Die Buonaparte sind ebenbürtige korsische Edelleute, nicht sehr berühmt, weil sie höchst selten ihre Insel verließen; doch stehen sie weit über jenen Klopffechtern, die sie in den Staub ziehen wollen."

Napoleon betrachtete sich als eine Persönlichkeit, einzig in ihrer Art, auf dieser Welt, dazu geschaffen, die Menschen zu regieren und die Geister nach eigenem Ermessen zu leiten. Er betrachtete die Menschen wie der Arbeitgeber die Arbeiter. Er hatte eine Vorliebe für Duroc. Wenn er von ihm sprach, sagte er: *„Er liebt mich, wie ein Hund seinen Herrn"*. Berthier, der Napoleon sehr ergeben war, verglich er mit einer Kinderfrau, die stets in Sorge ist um den Schützling. Diese Vergleiche standen nicht im Widerspruch mit seiner Theorie vom alleinigen Interesse, welches die Menschen leitet; es war eine richtige Folgerung seiner Ueberzeugung. Da wo das Interesse keine Rolle spielte, mußte der Instinct dieselbe übernehmen.

Man hat oft Napoleon beschuldigt, abergläubisch gewesen zu sein und es an persönlichem Muthe habe fehlen lassen. Beide Anschuldigungen beruhen auf falschen Voraussetzungen oder irrthümlichen Auffassungen. Napoleon glaubte an das Glück, und wen hat es mehr getragen als ihn? Er rühmte sich seines Sterns; es freute ihn, daß die große Masse in ihm ein Glückskind erkannte. Aber er war nicht in Täuschung darüber befangen, noch mehr, er sah in seiner Erhebung nicht den alleinigen Einfluß des Glückes. Oft hörte ich ihn sagen: „Sie nennen mich glücklich, weil ich Geschick habe; schwache Menschen sehen in dem Erfolge Anderer immer nur den Stern des Glückes".

Ich will hier eine Anekdote erzählen, welche beweisen soll, wie Napoleon die Macht des Willens hoch stellte und sich dadurch über die Zufälle des Lebens erhaben glaubte. Unter den Paradoxen, welche er gern im Gebiete der Medicin und Physiologie, zwei Gegenstände, die er immer mit Vorliebe behandelte, durchzuführen versuchte, war auch die merkwürdige Ansicht, daß man den Tod durch die individuelle Energie eines festen Willens in Schranken halten könnte. Napoleon machte eines Tages einen gefährlichen Fall in St. Cloud (er wurde aus der Calèche herausgeschleudert und fiel empfindlich mit dem Magen auf einen Markstein); am andern Tage fragte ich nach seinem Befinden, er antwortete ernst: „Gestern habe ich meine Ansicht über die Macht des Willens auf eine harte Probe gestellt. Als ich den Stoß auf meinem Magen fühlte[11], glaubte ich mein Ende nahe, ein Gedanke lebte noch in mir, der war: *ich will nicht sterben, ich will leben!* Ein jeder Andere an meiner Stelle wäre todt auf dem Platz geblieben". Wollte man das Aberglauben nennen, so müßte man gestehen, daß dies eine andere Art Aberglauben ist als jene, welche man ihm zuzuschreiben pflegte.

Ein Wort über seinen Muth. Napoleon hielt am Leben; aber man bedenke, wie viele Existenzen waren mit der seinigen verwoben; es war ihm also erlaubt, etwas mehr darin zu sehen als ein jämmerliches individuelles Dasein. Er hielt es nicht für nothwendig, „Cäsar und sein Glück" bloßzustellen, um seinen Muth an den Tag zu legen. Andere große Feldherrn haben gedacht und

11 Ich bin nicht weit davon entfernt zu glauben, daß dieser Stoß auf den Magen die Krankheit motivirte, an der Napoleon zu St. Helena gestorben ist; ich wundere mich, daß man diese Thatsache stets mit Stillschweigen überging. Doch muß ich bemerken, daß Napoleon mir mehrmals von dieser Krankheit, als erblich in seiner Familie, sprach.

gehandelt wie er. Wenn er nicht in die Kategorie tollkühner Menschen gehört, so ist das noch kein Beweis, daß er feig gewesen sein soll, wie seine Feinde es ausgesagt haben. Die Geschichte seiner Feldzüge hat genügend bewiesen, daß er immer an seinem Platze war; daß er die Gefahr nicht scheute, wie sich das vom Feldherrn einer großen Armee erwarten läßt.

In seinem Privatleben war Napoleon, wenn auch nicht liebenswürdig, doch einnehmend, und seine Nachsicht Andern gegenüber ging oft bis zur Schwäche. Er war ein guter Sohn; er sorgte für seine Verwandten; er besaß diese Eigenthümlichkeit, welche man in allen Schattirungen im häuslichen Kreise der bürgerlichen Familien Italiens findet. Die Zügellosigkeiten einiger Mitglieder seiner Familie thaten ihm weh; er besaß nicht die gehörige Energie, dem zu steuern, obgleich es vor Allem in seinem Interesse gewesen wäre. Seine Schwestern insbesondere erhielten von ihm was sie wollten. Von seinen beiden Gemahlinnen hatte keine, auch nicht im geringsten, sich über Napoleon's Entgegenkommen zu beklagen. Wir können das als bekannt voraussetzen; ein Wort von der Erzherzogin Maria Louise illustrirt aber diese Thatsache noch weit mehr. „Ich bin überzeugt“, sagte sie kurze Zeit nach ihrer Heirath, „man beschäftigt sich in Wien viel darüber, wie es mir geht, und man glaubt wohl im Allgemeinen, daß ich viel Angst auszustehen habe. Es ist aber nicht an dem; der Schein trügt. Ich fürchte mich nicht vor Napoleon, aber ich glaube vielmehr, *er fürchtet sich vor mir.*“

Zeigte er sich einfach und selbst coulant im Privatkreise, so wollte ihm das durchaus nicht gelingen in den Kreisen der höheren Gesellschaft. Man macht sich kaum einen Begriff, wie eckig Napoleon in seiner Haltung war, wie linkisch, wenn er in einem Salon sich befand. Die Mühe, die er sich sichtlich gab, um die Fehler, welche ihm durch Natur und Erziehung gleichsam angeboren waren, zu verdecken, trug eher dazu bei, dieselben erst recht im grellsten Lichte erscheinen zu lassen. Ich trage die Ueberzeugung in mir, daß er Alles darum gegeben hätte, größer zu erscheinen und eine edlere Haltung zu bekommen, die bei seinem immer mehr hervortretenden Embonpoint endlich ungraciös geworden war.

Beim Gehen trat er vorzugsweise mit den Zehen auf; auf diese Weise gab er seinem Körper eine balancirende Haltung, was er von Ludwig XVI. und Ludwig XVIII. copirt hatte. Sein Anzug beschäftigte ihn viel; er wollte durch Einfachheit oder Pracht desselben von seiner Umgebung sich auszeichnen. Thatsache ist, daß er Talma kommen ließ, um gewisse Posen einzustudiren. Er war für diesen Schauspieler sehr eingenommen und wohl auch deßhalb, weil zwischen diesem und ihm eine Aehnlichkeit existirte. Er sah gern Talma auf der Bühne; er sah in ihm sein Ebenbild.

Niemals machte er einer Dame ein Compliment oder sagte ihr eine liebenswürdige Phrase, obgleich seine Miene, der Ton seiner Stimme das Bestreben verriethen, galant zu erscheinen. Er sprach mit den Damen von Toilette und war hierin sehr minutiös, man könnte sagen pedantisch, oder er fragte nach der Zahl der Kinder und gewöhnlich ob sie dieselben selbst genährt hätten; wählte aber hiezu Ausdrücke, welche in der guten Gesellschaft verpönt sind.

Zuweilen ging er so weit, ein wahres Examen mit ihnen über die innersten Privatverhältnisse anzustellen; er nahm dann gerne einen *belehrenden* Ton an, was an Ort und Stelle unstatthaft erschien und gegen die Regeln des guten Tons verstieß. Dieser Mangel an Lebensart zog ihm manchmal Bemerkungen zu, die er mit Stillschweigen anzunehmen gezwungen war. Vor Allem haßte er die Frauen, welche sich vorzugsweise mit Politik oder Regierungsangelegenheiten beschäftigten[12].

Um diesen außerordentlichen Mann zu beurtheilen, muß man ihm auf die Weltbühne folgen, auf der er eine so große Rolle spielte. Das Glück hatte jedenfalls Napoleon vorgearbeitet; aber die Energie seines Charakters, die Thätigkeit

12 Frau von Staël schrieb mir 1810 und bat mich, durch meine Vermittlung die Erlaubniß zu erhalten, Paris bewohnen zu dürfen. Es ist allbekannt, welchen Werth sie auf dies Gesuch legte und darum unnöthig, daß ich die Gründe hier specificire. Genug, ich fand keinen Grund, das Gesuch speciell vorzubringen; auch wußte ich, daß meine Empfehlung unberücksichtigt bleiben würde. Es bot sich indessen eine Gelegenheit, und ich unterbreitete das Gesuch der berühmten Dame dem Kaiser. „Ich mag nicht Frau von Staël", sagte er, „und ich habe gute Gründe." Ich erwiederte, „dem könne so sein, aber es wäre nichtsdestoweniger wahr, daß durch das Exil Frau von Staël eine Bedeutung erhalten hätte, die sie gar nicht verdiente". „Wenn Frau von Staël", antwortete der Kaiser, „Royalistin oder Republikanerin von reinstem Wasser wäre, so würde ich nichts gegen sie einzuwenden haben; allein sie ist eine *Klappermühle*, welche die Salonwelt beständig in Athem hält. In Frankreich ist gerade eine solche Frau nicht zu fürchten, aber ich mag sie nicht."

und die Klarheit seines Geistes und sein außerordentlich großes militärisches Genie hielten ihn auf der Höhe der Stellung, wohin ihn das Glück getragen hatte. Da ihn nur Ein Gedanke beschäftigte, so verlor er weder Zeit noch Mühe in der Erreichung untergeordneter Plane. Herr seiner selbst, wurde er auch bald Herr der Menschen und der Situation. Wenn immer er erschienen wäre, zu allen Zeiten hätte er eine hervorragende Rolle gespielt. Aber die Epoche, in der er seine Laufbahn begann, war besonders günstig seiner Erhebung. Von Leuten umgeben, die in einer in Auflösung begriffenen Gesellschaft planlos herumirrten und von Ehrgeiz und Eifersucht hin- und hergetrieben wurden, war er es, der einen festen Plan zu entwerfen wußte, der ihn energisch verfolgte und so das vorgesteckte Ziel erreichte. Im zweiten italienischen Feldzug kam ihm der Gedanke, sich auf die Höhe der Macht zu schwingen. „Jung", sagte er mir, „war ich Revolutionär aus Unwissenheit und aus Ehrgeiz, älter geworden hörte ich die Stimme der Vernunft; ich folgte ihrem Rathe und meiner Triebfeder; ich schloß mit der Revolution."

Er war so sehr daran gewöhnt, sich als den Mittelpunkt eines Systems, das er in's Leben gerufen, zu betrachten, daß er am Ende gar nicht mehr begriff, wie nur die Welt ohne ihn bestehen könnte. Ich zweifle nicht im geringsten daran, daß er in der Tiefe seiner Seele in vollster Ueberzeugung mir gegenüber in der Unterhaltung zu Dresden 1813 an die Wahrheit seiner Worte glaubte, als er mir sagte: „Ich gehe vielleicht zu Grunde, aber die Throne und Europa werden mit mir untergehen!"

Die glänzenden Erfolge in seiner Laufbahn hatten ihn geblendet, doch bis zum Feldzug 1812, wo er zum ersten Mal unter der Wucht der Illusionen erlag, verlor er nie aus dem Auge seine kühn durchdachten Berechnungen, die ihm so oft zum Siege verhalfen. Selbst nach dem unglücklichen russischen Feldzuge behauptete er seine Stellung mit ebensoviel Ruhe als Energie, und der Feldzug von 1814 ist ohne Zweifel derjenige gewesen, wo er bei sehr beschränkten Mitteln, sein militärisches Genie am meisten zur Geltung zu bringen wußte. Ich gehörte nicht zu Jenen, und deren Zahl war sehr beträchtlich, welche vermeinten Napoleon würde, nach den Niederlagen von 1814 und 1815, eine neue Laufbahn beginnen und sich in abenteuerlichen Unternehmungen gefallen. Seinem Genie, seiner starken Seele müßte so etwas verächtlich vorgekommen sein. Wie bei hohen Spielern würde der muthmaßliche Erfolg einer niedern Partie ihn eher angewidert haben.

Man hat oft die Frage aufgeworfen, ob Napoleon im Grunde genommen ein guter oder ein schlechter Mensch gewesen sei. Es hat mir immer geschienen, daß diese Epithète, auf einen Charakter, wie der seine, gar nicht anwendbar wären. Immer von einem Gegenstand beseelt, Tag und Nacht beschäftigt das Steuer des Staats zu führen, wo die Interessen eines großen Theils von Europa dem Fahrwasser zuflossen, mußte er zusteuern, rücksichtslos auf die etwaigen Schädigungen der Interessen Anderer; unbekümmert um die numerischen Verluste, welche die Ausführung seiner Pläne an Leuten verlangte. Gleichwie ein Wagen, einmal dahinrollend, Alles zermalmt, was ihm in den Weg kommt, so dachte Napoleon stets nur daran sich vorwärts zu bewegen. Wer nicht aus dem Wege ging, wurde unbarmherzig erdrückt; er schob oft die Schuld davon auf die Dummheit der Leute. Was außer dem Wege lag, kümmerte ihn nicht, mochte es zum Guten oder zum Bösen zu rechnen sein. Socialen Leiden im bürgerlichen Kreise schenkte er Gehör; für politische Leiden war er taub.

Etwas Aehnliches ließ sich sagen von den Werkzeugen, deren er sich bediente. Eine Generosität, ohne daß das Interesse dabei im Spiele gewesen wäre, kannte er nicht; seine Gunst und seine Wohlthaten standen im genauen Verhältniß zu den geleisteten Diensten. So wie die Leute ihm entgegenkamen, so behandelte er sie. Er nahm alle Dienstanerbietungen an; er fragte weder nach den Motiven, noch nach den Meinungen, noch nach den Antecedenzen des Gesuchstellenden; *er machte von dem angebotenen Dienst Gebrauch, wenn es in seiner Berechnung lag.*

Napoleon schloß eine doppelte Natur in sich. Im Privatleben war er zugänglich, weder gut noch böse; im Staatsleben war ihm jedes Gefühl fremd, er ignorirte hier Haß oder Zuneigung. Er zermalmte seine Feinde oder beseitigte sie, indem er nur das Nothwendigkeitsgesetz oder das Interesse, sich ihrer zu entledigen, allein befragte. Hatte er seinen Zweck erreicht, so dachte er nicht weiter an sie und ließ sie in Ruhe.

Es ist der vergebliche Versuch gemacht worden, mit viel Aufwand von Gelehrsamkeit, Napoleon mit diesem oder jenen großen Eroberer oder Staatengründer der Vergangenheit zu vergleichen. *Diese Manie immer Parallele zu suchen hat der Geschichte nur geschadet.* Es ist dadurch ein falsches Licht auf die hervorragendsten Charaktere geworfen worden; der Gesichtspunkt, von welchem aus man dieselben studieren sollte, ist dadurch verrückt worden. Es ist rein unmöglich einen Mann zu beurtheilen, wenn man ihn sich isolirt denkt und die Zeitverhältnisse und Umstände außer Acht läßt, die auf ihn eingewirkt haben. Setzen wir selbst voraus, daß es zwei Menschen gegeben hätte, welche durchaus einander ähnlich gewesen wären, so würde diese angeborne Aehnlichkeit schon durch die Zeitverhältnisse und die Lage eines jeden Einzelnen aufgehoben worden sein; wir rathen daher Niemanden solche Parallelen zu suchen; er würde Fiasco machen. Der wahre Geschichtschreiber, der allen Verhältnissen bis in die kleinsten Nuancen Rechnung trägt, wird es sich nicht einfallen lassen Napoleon mit den Helden des Alterthums, mit den wilden Eroberern des Mittelalters, selbst nicht mit *Friedrich dem Großen*, es sei denn nur hier in Bezug auf das Beiden gemeinsame militärische Genie, oder mit einem mächtigen Usurpator wie Cromwell, zu vergleichen. Alle Parallelen dieser Art wären verfehlt, sie würden kein neues Licht auf das Bild des Mannes werfen, den die Zukunft lernen soll richtig zu beurtheilen; im Gegentheil würde das Bild in falschem Lichte erscheinen.

Das Eroberungssystem von Napoleon trägt übrigens einen ganz eigenthümlichen Charakter. Die Weltherrschaft, nach der er strebte, zielte nicht nach der Centralgewalt eines ungeheuren Staatencomplexes, sondern stellte sich zur Aufgabe eine Art Centralcontrole über den europäischen Staatenbund auszuüben, etwa nach dem verzerrten oder übertriebenen Ideal des Reichs von Carl dem Großen. Wenn, durch die Zeitverhältnisse beeinflußt, er dieß System aufgab und er sich veranlaßt sah, dem französischen Kaiserreich Länder zu annectiren, was er in seinem wohlerwogenen Interesse hätte unterlassen sollen, so hat er dadurch der Befestigung seiner Macht entsetzlich geschadet, und weit entfernt seinen großen Plan, der ihm vorschwebte, zur Reife zu bringen, hat er denselben zu nichte gemacht. Er hatte einen ähnlichen Plan auch für die Kirche entworfen. Paris sollte der Mittelpunkt des Katholizismus werden, der Papst sollte keine weltliche Macht besitzen, und nur die geistige Oberherrschaft unter der Aegide des kaiserlichen Adlers ausüben.

In seinen politischen und militärischen Combinationen brachte Napoleon immer vorerst in Rechnung die Schwäche und die Fehler seiner Gegner. Offen gestanden, eine lange Erfahrung berechtigte ihn dies Princip zu verfolgen. Ebenso wahr ist es übrigens auch, daß er hierin zu weit ging und daß die Gewohnheit die Macht und die Mittel seiner Gegner *allzugering* anzuschlagen, an seinem Untergang hauptsächlich Schuld war. Die Allianz von 1813 war sein Untergang, weil er sich nicht überzeugen wollte, daß eine Coalition die Einheit unter den Alliirten gründen und auf die Dauer, zur Realisirung ihres Zweckes, bewahren könnte.

Noch ist die Meinung getheilt und dürfte es wohl immer sein, ob Napoleon den Beinamen des *Großen* verdient? Es ist rein unmöglich Dem, der aus niederem Stande sich in wenig Jahren in Macht, Gewalt und Ansehen über alle seine Zeitgenossen erhob, große Eigenschaften abzusprechen. Doch Macht, Kraft, Ansehen, Herrschaft sind im Grunde genommen nur *relative Begriffe.* Um das Maß des Genies eines Mannes, welcher über seinem Zeitalter steht, das er beherrscht, zu bestimmen, muß man vor allem die Epoche, in der er lebte, in genaue Erwägung ziehen. Und hier liegt der Schwerpunkt der Frage, welche so entgegengesetzte Beurtheilungen über Napoleon an den Tag brachte. Wenn, wie die Bewunderer der französischen Revolution es glauben, *diese die glänzendste, die glorreichste Epoche* in der Geschichte der neueren Zeit ist, dann muß Napoleon, der in derselben die hervorragendste Stellung einnahm, und fünfzehn Jahre lang behauptete, ohne Widerrede, als einer der größten Männer, welche je gelebt haben, gelten. Wenn im Gegen-theil er sich nur dagegen als ein leuchtendes Meteor über das *Dunstgebilde einer allge-*

meinen Auflösung erhob; wenn er nur um sich herum die *Trümmer eines socialen Zustandes vorfand,* die Ausgeburt einer falschen Civilisation; wenn er nur den matten Widerstand einer allgemeinen Erschlaffung zu bewältigen hatte, oder jene ohnmächtigen Rivalen voll Gemeinheit und Leidenschaft; wenn endlich seine Gegner, nach Außen und nach Innen, ohne *Zusammenhang* handelten und dadurch schon paralysirt worden waren; wenn *Alle Dem so* ist, so erblaßt der Glanz seiner Erfolge im Verhältniß zu der Leichtigkeit, mit welcher dieselben errungen worden waren. Und dies ist unsere Meinung nach genauer Erwägung aller Umstände, wobei wir durchaus nicht das Ungewöhnliche und Bezaubernde in der Laufbahn Napoleons verkennen wollen; aber zugleich täuschen wir uns nicht über seine, auf die gewöhnliche *Norm* zurückzuführende Größe.

Das riesenhafte Gebäude, das er errichtet hatte, war einzig und allein die Schöpfung seiner Thatkraft; er selbst war gleichsam der Schlußstein dazu. Doch fehlte diesem Wunderbau das Fundament; selbst die Materialien, deren er sich bediente waren nichts weiter als in Auflösung begriffene

Theile anderer Staatseinrichtungen, oder solche, welchen alle *Solidität*, aller Halt von *Anfang* an fehlte. Sobald der Schlußstein aus dem Gebäude genommen worden war, fiel dasselbe in Trümmer zusammen.

Dies ist in wenig Worten die Geschichte des französischen Kaiserreichs. Entworfen von Napoleon und geschaffen durch ihn, lebte es nur in ihm und durch ihn; mit ihm mußte es auch zu Grunde gehen!